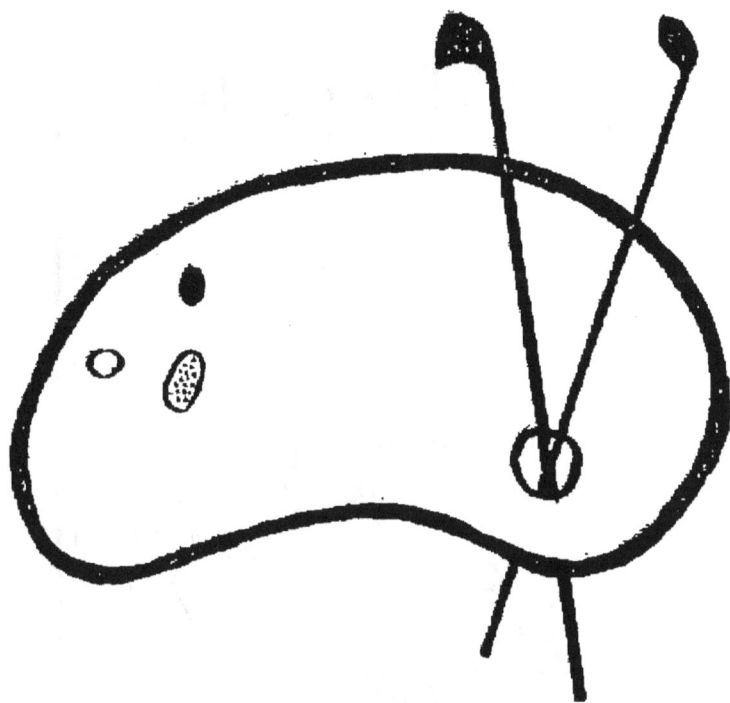

DEBUT D'UNE SERIE DE DOCUMENTS
EN COULEUR

GUIDE

DU

CHEF DE DÉTACHEMENT

PAR

E. BIGEARD

CAPITAINE AU 7ᵉ RÉGIMENT DE DRAGONS

2ᵉ ÉDITION, REVUE ET AUGMENTÉE

PARIS

Henri CHARLES-LAVAUZELLE

Éditeur militaire

11, Place Saint-André-des-Arts, 11

(Même maison à Limoges.)

Librairie militaire Henri CHARLES-LAVAUZELLE
Paris, 11, Place Saint-André-des-Arts.

2

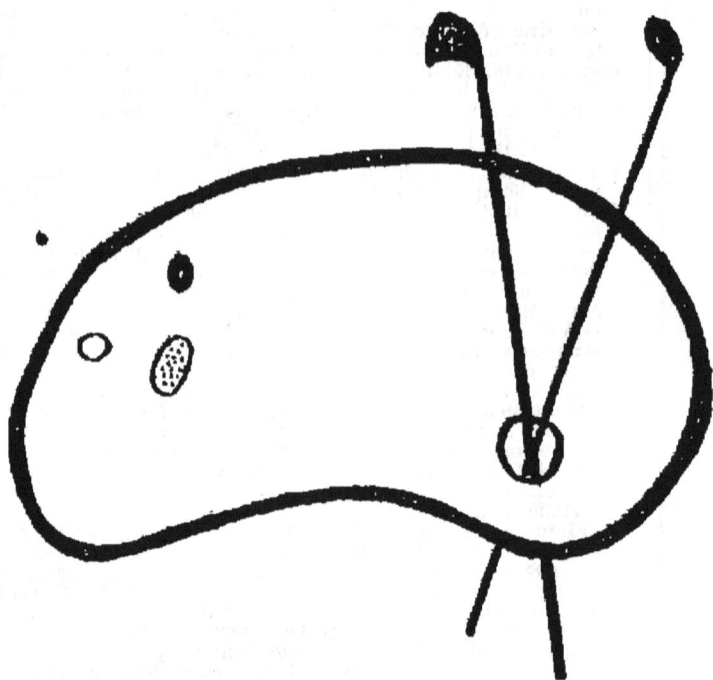

FIN D'UNE SERIE DE DOCUMENTS
EN COULEUR

GUIDE

DU

CHEF DE DÉTACHEMENT

GUIDE

DU

CHEF DE DÉTACHEMENT

PAR

E. BIGEARD

CAPITAINE AU 7ᵉ RÉGIMENT DE DRAGONS

2ᵉ ÉDITION, REVUE ET AUGMENTÉE

PARIS

Henri **CHARLES-LAVAUZELLE**

Éditeur militaire

11, Place Saint-André-des-Arts, 11

(Même maison à Limoges.)

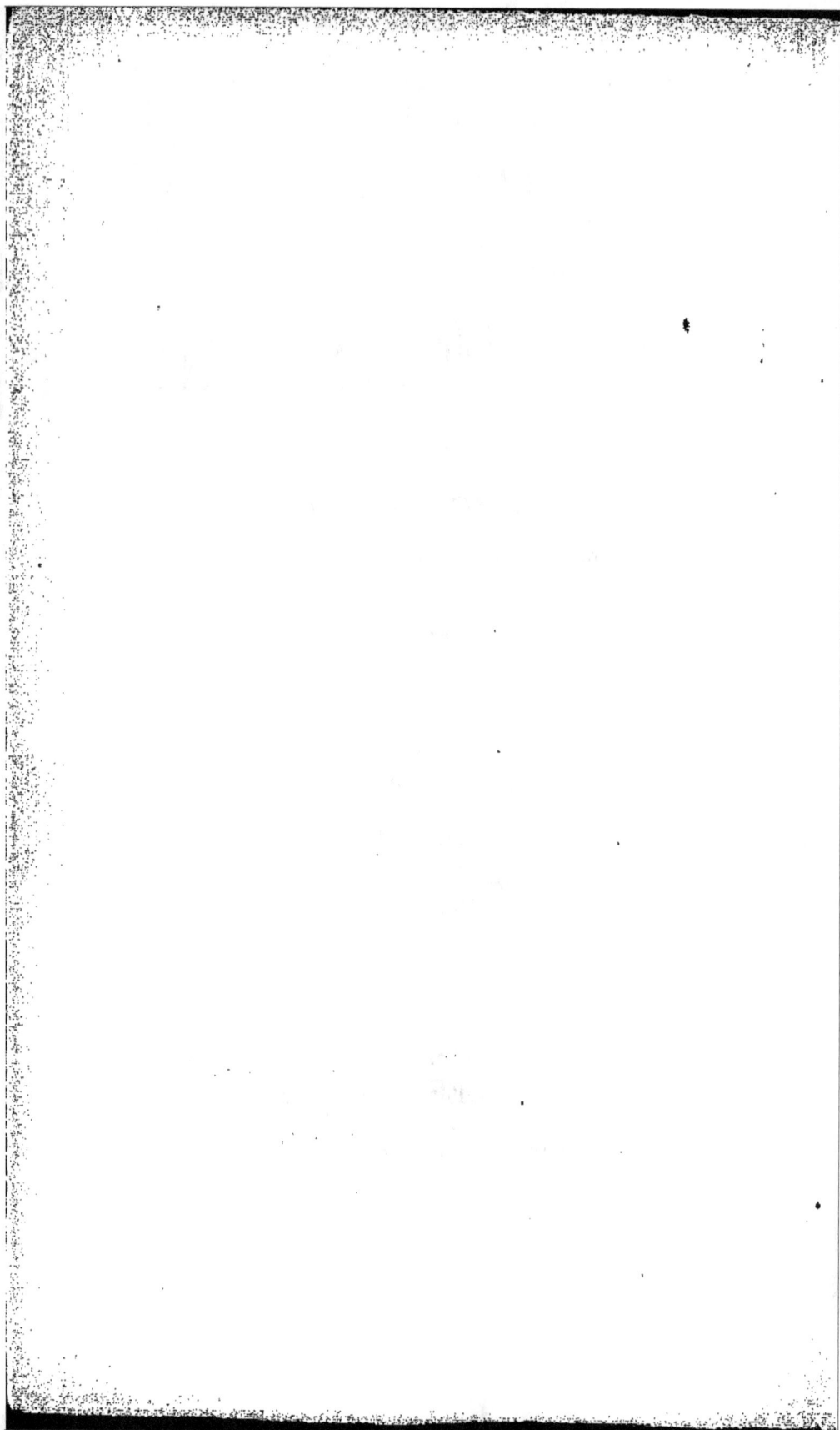

Iʳᵉ PARTIE

PRINCIPES GÉNÉRAUX

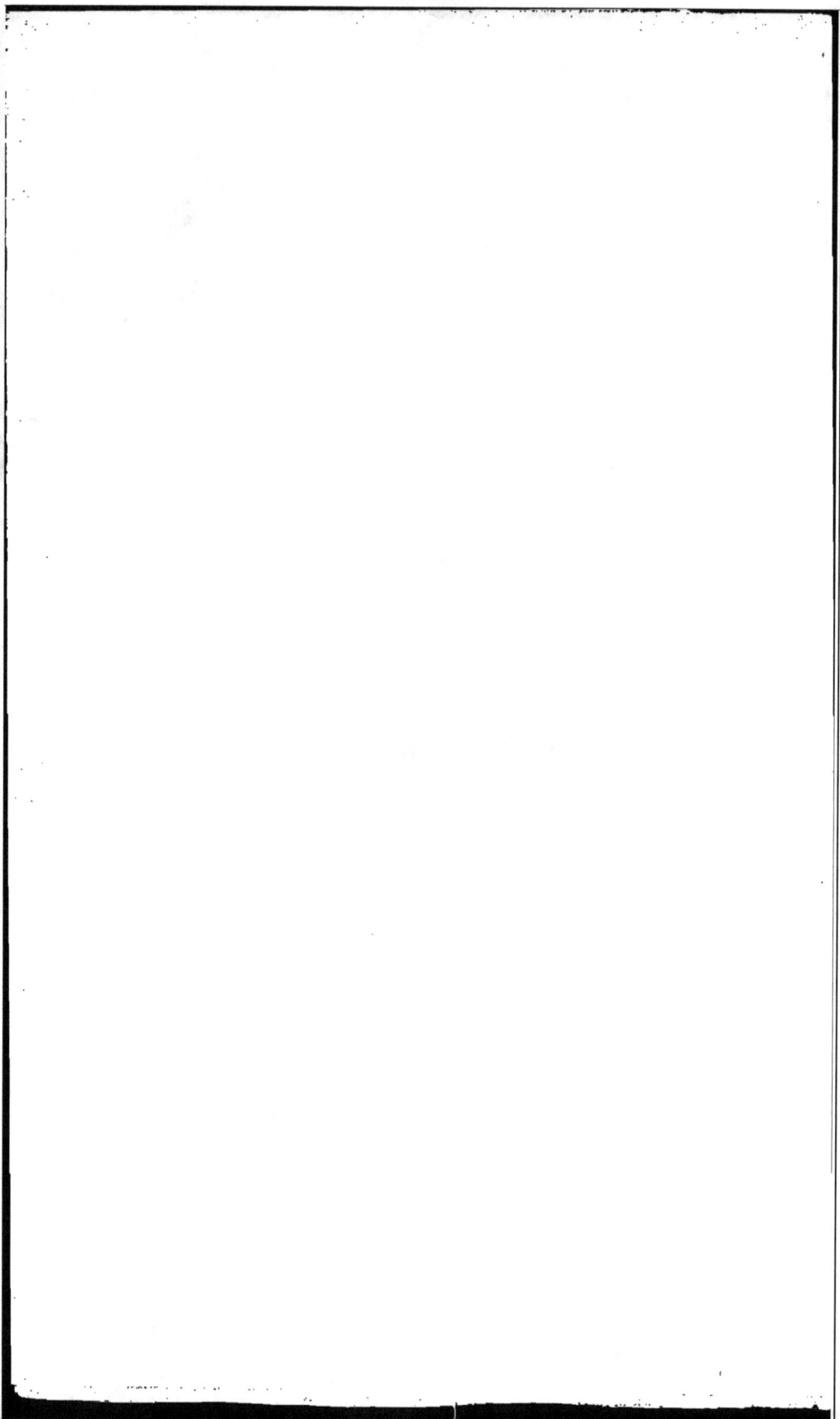

« Le général Curély, cet homme si vaillant, si intrépide, si adroit, si fort de volonté, si prompt, si sûr de pensée dans ses entreprises hardies, lorsqu'il commandait un détachement, on était à la fois le médecin, l'artiste vétérinaire, le sellier, le cordonnier, le cuisinier, le boulanger, le maréchal ferrant, jusqu'à ce que, rencontrant l'ennemi, il se montrât le soldat le plus remarquable de la Grande Armée. »

Avant-postes de cavalerie légère. — Général DE BRACK.

« Le fourrier Curély fut le seul de son régiment, le 7e hussards, cité à l'ordre en 1797 pour la bonne tenue de sa comptabilité...

» Plus tard, comme officier de détails, fonctions qu'il exerça pendant 6 ans, il eut à prendre note, jour par jour, de tous les objets touchés par le régiment et livrés aux compagnies ; la comptabilité de l'habillement, équipement, etc., roula entièrement sur lui. C'est bien le cas de dire avec son colonel : « Ce diable de Curély est bon à tout ! »

Les grands cavaliers du 1er empire. — Général THOUMAS.

CHAPITRE Ier

DES DÉTACHEMENTS

Définition.

Un détachement est une fraction de corps de troupe détachée de la portion centrale.

Les détachements peuvent être composés d'unités administratives constituées (une ou plusieurs compagnies, escadrons ou batteries) ou de fractions d'unités, telles que pelotons, sections, escouades, ou bien encore d'hommes prélevés dans plusieurs unités du même régiment, mais dont le nombre atteint au moins six.

Pour constituer un détachement, il faut donc au minimum *six* hommes réunis d'un même corps; si, en route, il est réduit au-dessous de ce nombre, le détachement n'en reste pas moins constitué. (Règlement sur la solde du 29 mai 1890, art. 14, position n° 1.)

Cinq hommes et au-dessous, faisant mouvement, sont considérés *administrativement* comme isolés; ils reçoivent alors les indemnités fixées par le règlement sur les « frais de route » du 12 juin 1867, tandis que les détachements sont ordinairement traités d'après le règlement sur le « service de la solde ».

Administration des détachements.

Les détachements composés de six compagnies, de trois escadrons ou de six batteries et au-dessus, sont administrés par un conseil d'administration éventuel.

Moins de six compagnies, de trois escadrons, de six batteries ou plus de deux, le sont par l'officier commandant.

Dans les compagnies du génie ou du train des équipages militaires réunies ou non dans la même localité, dans les groupes de deux batteries d'artillerie ou dans les batteries isolées, l'administration est exercée par l'officier commandant chacune des compagnies ou batteries.

Toute fraction de cavalerie, d'escadron, de batterie ou de section détachée isolément, est administrée par l'officier ou le sous-officier commandant. (Décret du 14 janvier 1889, art. 4 modifié.)

Si un détachement ne comporte pas de gradés, il est commandé et administré par le plus ancien soldat de 1re classe, ou, à défaut, par le plus ancien soldat de 2e classe. (Serv. int.)

Le mode d'administration varie avec l'importance des détachements, leur durée et leur objet.

Les détachements formés d'unités administratives constituées, *quelle que soit la durée de leur déplacement*, ou de fractions d'unités *détachées d'une façon permanente*, s'administrent suivant les règles tracées par le décret du 14 janvier 1889, portant règlement sur « l'administration et la comptabilité des corps de troupes », principalement aux articles 4, 5, 25, 82 à 88, 115, 132 à 144.

Il serait donc superflu de reproduire ici ces prescriptions qui doivent être connues et que les commandants de ces sortes de détachements ont le loisir d'étudier et d'appliquer, mais il n'en est plus de même en ce qui concerne les détachements de moindre importance et *déplacés momentanément*.

Petits détachements (1).

Pour les petits détachements, des indications précises et nettes font à peu près défaut, noyées qu'elles sont au milieu des prescriptions concernant l'ensemble des corps, qui sont elles-mêmes éparses dans de nombreux règlements, imparfaitement connus, la plupart du temps, des jeunes officiers et des sous-officiers appelés à commander de petits détachements.

De plus, la nature même des commandements qui peuvent leur être confiés ne comporte pas l'emploi de documents de comptabilité régulière; la pratique de ceux dont ils ont à faire usage leur manque le plus souvent; ils ne sont pas outillés pour emporter avec eux tous les règlements qui pourraient leur être utiles au cours de leur mission, et ils sont ainsi exposés, une fois en route, à se trouver arrêtés par des cas fort simples, faute d'un

---

(1) Cet ouvrage, bien que visant plus spécialement les petits détachements, en ce sens que les prescriptions ayant trait à la comptabilité régulière des unités n'y ont pas été rappelées, *s'applique aussi aux unités constituées faisant mouvement*, pour qui les règles d'allocations et de perceptions sont identiques.

guide leur indiquant les formalités à remplir ou d'un texte précisant leurs droits. Agissant dans le vague, certains chefs de détachements peuvent être enclins à outrepasser leurs droits ou à laisser leur troupe manquer du nécessaire ; le bon renom du régiment dont ils portent le numéro en est aussitôt atteint, et le prestige du commandement ne peut qu'en souffrir ; aussi, est-ce tout autant afin de sauvegarder l'un et l'autre que pour rendre la tâche plus facile aux chefs des petits détachements, que nous nous sommes efforcé, au cours de ce travail, de condenser les règles qu'ils auront à appliquer dans presque tous les cas. Si tous ne sont pas prévus — et ils ne sauraient l'être — nous avons l'espoir que ceux qui auront à se servir de ce guide sauront s'inspirer des indications qu'il contient, bien plus encore que d'en appliquer à la lettre toutes les prescriptions ; c'est donc surtout à leurs réflexions qu'il est offert, car il n'y a rien d'absolu, même en matière d'administration.

Formation des détachements.

Les détachements sont formés en vertu « d'ordres de mouvement » qui émanent du commandement (ministre, généraux commandant les corps d'armée, généraux directeurs des manœuvres, etc.) et qui indiquent leur composition, leur destination et le mode de transport à employer : voies de fer ou voies de terre.

La désignation des détachements est mise à l'ordre du régiment.

S'ils sont formés de fractions constituées, celles-ci sont désignées d'après un tour de service établi entre les unités du régiment, et, dans chaque unité, entre les pelotons, sections et escouades. (Serv. int., art. 441 inf., 424 cav. et 469 art.)

Différentes espèces de détachements.

Tous les détachements ne sont pas traités uniformément au point de vue des transports ni des allocations : tandis que les uns voyagent par *la route,* les autres sont transportés en *chemin fer,* et, parmi les premiers, certains marchent en suivant la « ligne d'étapes » de gîte en gîte, tandis que d'autres ne sont pas astreints à suivre les lignes d'étapes; aux uns, on accorde les allocations dites « aux troupes en marche »; à d'autres, ce sont les indemnités « de frais de route »; le mode de gestion et les formalités varient aussi avec les différents cas, ce qui nous conduit naturellement à les étudier l'un après l'autre, afin de préciser ce qui les particularise. Nous examinerons ensuite les règles qui leur sont communes.

Classification des détachements.

Les principaux détachements que les corps sont appelés à fournir, peuvent être classés dans les catégories ci-après :

A. Détachements ordinaires voyageant avec ou sans chevaux :
    1° Par les voies de terre ;
    2° Par les voies de fer ;
B. Détachements en escorte, aux manœuvres de cadres ;
C.   —   aux manœuvres de garnison ;
D.   —   aux manœuvres d'automne ;
E.   —   en conduite de chevaux de remonte ;
F.   —   en conduite de chevaux de réquisition ;
G.   —   de réservistes rejoignant leur corps.

IIᵉ PARTIE

RÈGLES PARTICULIÈRES AUX DIVERS DÉTACHEMENTS

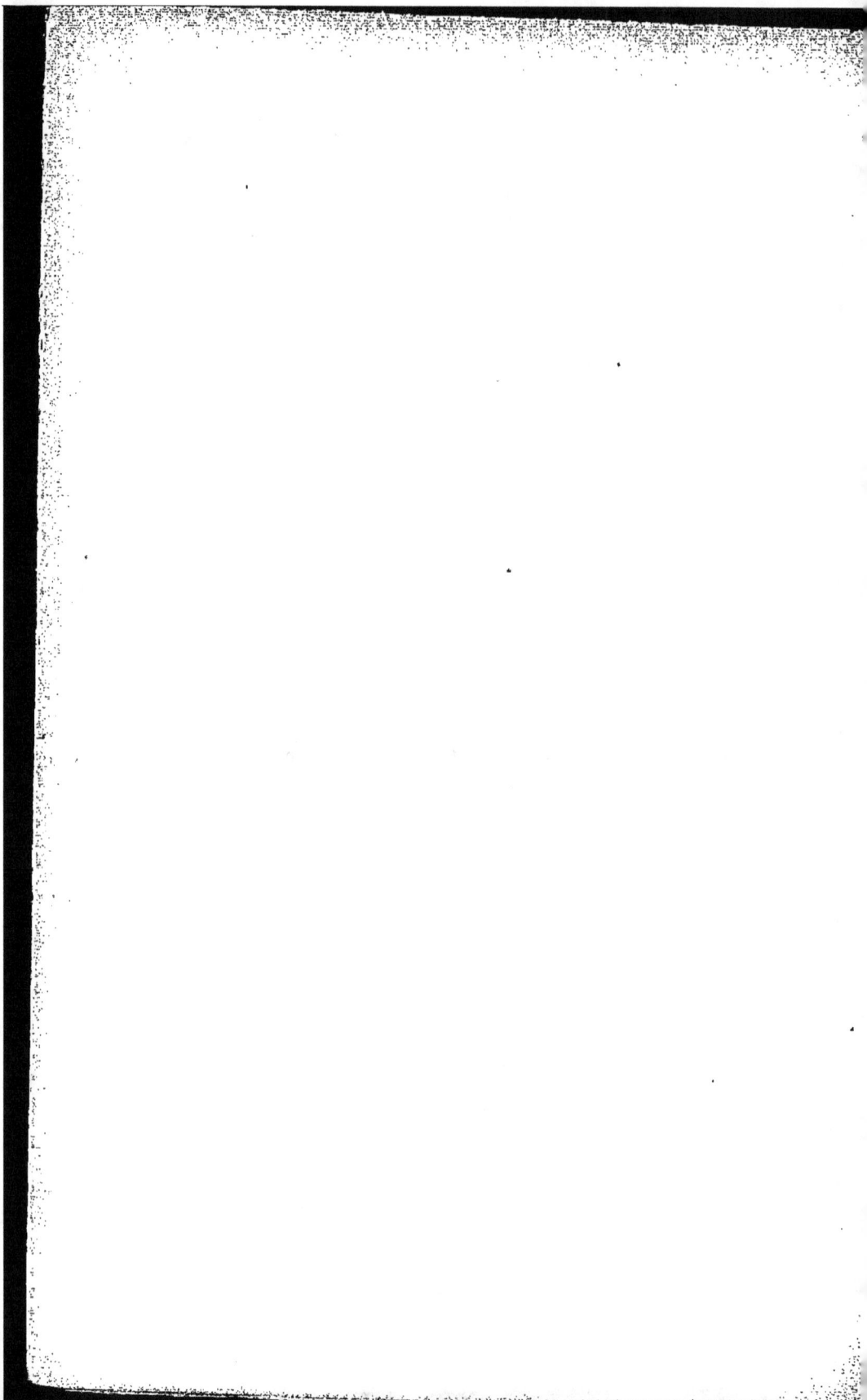

CHAPITRE II

ALLOCATIONS EN DENIERS

A. — Détachements ordinaires.

Les allocations en deniers faites à ces sortes de détachements sont toutes payées au titre du *Service de la solde*, réglementé par décret du 29 mai 1890, *B. O.*, v. n.; quel que soit le mode de transport employé, elles sont les suivantes :

Allocations normales :

a) — La solde de présence.
b) — Les hautes-payes journalières d'ancienneté.
c) — L'indemnité aux troupes en marche.
d) — L'indemnité en remplacement de viande.
e) — L'indemnité en remplacement de pain.

Allocations exceptionnelles :

f) — L'indemnité représentative de vin.
g) — L'indemnité représentative d'eau-de-vie (ration hygiénique).
h) — L'indemnité à l'occasion de la fête nationale.
i) — L'indemnité en rassemblement ou pour résidence.

Allocations normales.

a) — La solde est allouée aux militaires de tous grades pour toutes les journées de présence, en station ou en marche (Décret du 29 mai 1890, art. 6; tableau A ci-annexé).

b) — Les brigadiers et cavaliers rengagés ou commissionnés ont droit à la haute paye journalière, déterminée par leur ancienneté de service, pour toutes les journées de présence donnant droit à la solde (même D., tableau 4, position 3; tableau B).

Les hautes payes des sous-officiers rengagés sont réglées d'une façon spéciale par le trésorier du corps.

c) — L'indemnité aux troupes en marche est allouée pour toutes les journées *de marche et de séjour* indistinctement, y compris le jour de l'arrivée. En cas de séjour prolongé, elle n'est due que pour les deux premiers jours de séjour (même Décret, tableau 2, position 1; tableau A ci-annexé).

d) — L'indemnité en remplacement de viande est allouée pour toutes les journées de présence passées en marche, y compris la journée d'arrivée, d'après un taux spécial et unique fixé pour les troupes en marche dans toute l'étendue de la région de corps d'armée.

Elle continue à être allouée d'après le taux de la région point de départ, quand la troupe passe dans un autre corps d'armée (m. D., tableau 2, pᵒⁿ 22; tableau D ci-annexé).

e) — L'indemnité en remplacement de pain est allouée pour toutes les journées de présence passées en marche, y compris la journée d'arrivée.

Le taux est fixé, en principe, pour toute l'étendue du territoire, par le tarif annuel de remboursement des denrées (*B. O.*, r. s.). Il peut toutefois être modifié par les généraux commandant les corps d'armée et varier ainsi d'une région à l'autre (Instruction ministérielle du 14 août 1896, r. s. non insérée; tableau D ci-annexé).

Allocations exceptionnelles.

f) — L'indemnité représentative de vin n'est allouée que dans certains cas exceptionnels, sur un ordre du ministre ou des généraux (D. 29 mai 1890, t. 6, pᵒⁿ 5).

Le taux est variable suivant les départements quand la troupe est en station, et suivant les régions quand elle est en marche (tableau D).

g) — L'indemnité représentative d'eau-de-vie (ration hygiénique) est allouée à la troupe pour toutes les journées en station ou en marche, du 15 juillet (1) au 31 août inclus de chaque année; elle se cumule avec les autres indemnités représentatives de liquides (m. D., t. 6, pᵒⁿ 6).

Le taux est variable comme celui du vin (tableau D).

h) — L'indemnité pour la fête nationale est allouée aux militaires présents le jour de cette fête (m. D., t. 2, pᵒⁿ 2; tableau B).

---

(1) Du 15 juin au 31 août, pour la région du midi.

i) — Les indemnités « en rassemblement » ou « pour résidence », allouées aux sous-officiers rengagés ou commissionnés
dans la garnison point de départ, cessent d'être perçues du jour
de la mise en route des détachements (m. D., t. 2, p^me 3 et 4, §§ *b*).

B. — Détachements aux manœuvres avec cadres.

Ces détachements, au lieu d'être payés comme les précédents
au titre de « la solde », le sont sur les fonds de « l'indemnité de
route » (Instruction ministérielle du 18 février 1895, annexe 11,
B. O., p. R.).

Indemnité journalière exceptionnelle allouée aux hommes.

Ils reçoivent pendant toute la durée de leur mission « l'indemnité journalière exceptionnelle » (tableau F ci-annexé).
Cette indemnité est *exclusive* de toute autre prestation en deniers
ou en nature; exception est faite pour les sous-officiers rengagés
ou commissionnés qui, comme les officiers, cumulent la solde
(plus la haute-paye et la gratification annuelle pour les sous-
officiers) avec les indemnités de route ordinaire ou exceptionnelle
(12e appendice du règlement sur les frais de route).

Indemnité de nourriture pour les chevaux.

Aux chevaux emmenés à ces manœuvres, il est alloué une
« indemnité de nourriture », fixée à 2 francs par jour, par décret
du 27 décembre 1890, tarif n° 19, mais seulement pour les journées passées aux manœuvres proprement dites (Instruction
ministérielle précitée, annexe n° 11).

C. — Détachements aux manœuvres d'automne.

Allocations normales et exceptionnelles.

Les allocations en deniers faites aux troupes prenant part aux
grandes manœuvres sont les mêmes que celles énumérées en A,
page 15, sous les rubriques *a*, *b*, *c* normales, *f*, *g*, *h* éventuelles.

Indemnité d'eau-de-vie.

A la ration hygiénique d'eau-de-vie peut alors s'ajouter la
ration ordinaire (tableau D) qui est allouée, sur un ordre du
commandement, lorsque la troupe a passé une nuit au bivouac
(18 février 1895, art. 66).

Les rations de liquides allouées sont toujours remplacées par une indemnité représentative (D. 29 mai 1890, tableau 6, p⁰ⁿ 5).

Allocation de l'indemnité exceptionnelle.

Aux petits groupes (escortes, télégraphistes, postes de correspondance, estafettes, etc.) il peut être aussi alloué, sur l'ordre du général directeur de la manœuvre, l'indemnité journalière exceptionnelle comme en B (art. 64).

L'indemnité de nourriture n'est jamais allouée aux chevaux.

D. — Détachements aux manœuvres de garnison.

Allocations normales et exceptionnelles.

Aux troupes prenant part aux manœuvres de garnison sont faites les allocations en deniers énumérées en A (page 15) sous les rubriques *a*, *b*, *c* (1), *d* (2), *e* (3) normales, *f*, *g*, *i* (4) éventuelles.

Ce qui différencie ces manœuvres des autres au point de vue des allocations, c'est que l'indemnité aux troupes en marche (*e*), au lieu d'être payée au titre de la « solde », l'est au titre des « indemnités exceptionnelles et de missions » (annexe 11, du 18 février 1895); elle n'est par conséquent pas allouée sur la feuille de journée des unités; que le pain est ordinairement remplacé par une indemnité représentative (*c*) (tableau D), à moins qu'il ne soit emporté de la garnison (art. 16 du 18 fév. 1895); — et que l'indemnité journalière exceptionnelle ne peut jamais être allouée, même aux petits groupes, non plus que l'indemnité de nourriture pour les chevaux.

E. — Détachements en conduite de chevaux de remonte.

Indemnité journalière exceptionnelle.

A ces détachements il est alloué l'indemnité journalière excep-

---

(1) *L'indemnité aux troupes en marche* n'est allouée que quand l'ordre en est donné et pour le nombre de journées spécifié par le commandement.

(2) *L'indemnité de viande* n'est perçue au taux « en marche » que si l'indemnité en marche est elle-même allouée; sinon, c'est le taux « en station » fixé pour la garnison qui est appliqué.

(3) *L'indemnité de pain* n'est allouée et perçue que si le pain en nature n'a pu être emporté de la garnison.

(4) *Les manœuvres de garnison* n'impliquant pas l'idée d'une absence « en dehors de l'enceinte des forts de la capitale » ou de la « circonscription de rassemblement » (Régl. sur la solde, tableau 2, positions 3 et 4), les *indemnités pour résidence* ou *en rassemblement* doivent continuer à être allouées aux sous-officiers rengagés ou commissionnés. (V. le tableau B ci-annexé p. 117.)

tionnelle, comme en B (page 17), pour toutes les journées d'aller, de retour et de séjour indistinctement, même pendant les journées où les cavaliers ne conduisent pas de chevaux (N. minist. du 3 décembre 1879, *B. O.*, p. n.).

F. — Détachements en conduite de chevaux de réquisition.

Indemnité journalière de route.

Les cadres de conduite et les hommes faisant partie de ces détachements n'ont droit, pendant toute la durée de leur mission, qu'à l'indemnité journalière de route ordinaire (tableau F ci-annexé), à l'exclusion de la solde, de la viande et du pain (D. du 29 janvier 1879, art. 6).

Si les cadres de conduite sont pris en dehors de l'armée *active*, cette indemnité n'est que de 1 fr. 25 pour les gradés comme pour les conducteurs.

G. — Détachements de réservistes.

Indemnité journalière de route.

Les cadres de conduite de l'armée active sont traités comme ci-dessus (D. 29 janvier 1879, art 6).

Les militaires de la réserve, gradés ou non gradés, touchent l'indemnité journalière de route uniforme de 1 fr. 25, pour chaque journée passée soit isolément, soit en détachement, du jour où ils quittent leur domicile jusqu'au jour inclus de leur arrivée au corps (Inst. minist. du 28 décembre 1894, *B. O.*, p. n.).

Cette indemnité est exclusive de la solde, de la viande et du pain.

CHAPITRE III

ALLOCATIONS EN NATURE

A. — Détachements ordinaires.

Allocations aux hommes.

Quel que soit le mode de transport employé, il n'est alloué en nature aux hommes que :

Le sucre et café, à raison *d'un quart de ration* soit 0ᵏ,00525 de sucre et 0ᵏ,004 de café, par journée de présence en marche (Décret du 29 mai 1890, pⁿⁿ 3). (Voir le tableau G ci-annexé.)

Le chauffage n'est pas alloué aux troupes voyageant par étapes qui sont logées chez l'habitant, celui-ci étant tenu de fournir place au feu et à la lumière, ainsi que les ustensiles nécessaires pour faire cuire les aliments et pour les manger (Loi du 3 juillet 1877, art. 16. Serv. int., art. 427 inf., 415 cav., 455 art.).

Aliments.

Les denrées alimentaires nécessaires à la nourriture des hommes et qui consistent en pain, viande fraîche, pain de soupe, légumes, graisse et condiments, sont achetées directement par les hommes au moyen des allocations en deniers (chap. II, § A, p. 15) dont la totalité leur est remise journellement par le chef de détachement (Serv. int., art. 389 inf., 381 cav., 407 art.).

Détachement faisant ordinaire.

Si cela est jugé préférable, ces denrées sont achetées en commun et il est alors constitué un ordinaire spécial pour le détachement. Le chef du détachement assure la gestion de cet ordinaire dont la surveillance lui incombe; il tient ou fait tenir un livret pour l'inscription des recettes et des dépenses; les achats sont effectués par un brigadier assisté des cavaliers de corvée, et payés de la main à la main aux fournisseurs contre émargement immédiat sur le livret d'ordinaire.

L'ordinaire du détachement est alimenté par un prélèvement sur la solde calculé de façon à laisser au moins 0 fr. 05 par jour comme sou de poche au soldat de 2ᵉ classe, et par la totalité des indemnités en deniers allouées.

De plus, le chef de corps peut prescrire un prélèvement sur les bonis d'ordinaires de chaque unité ayant contribué à la formation du détachement, pour améliorer la nourriture des hommes en route.

Ce prélèvement est obligatoire en faveur des détachements qui changent de corps (Services intérieurs).

Allocations aux chevaux.

Les fourrages sont alloués aux chevaux à raison d'une ration par jour.

Les chevaux voyageant *par étapes* reçoivent la ration dite « de route par terre ». Ceux qui sont transportés par les *voies ferrées* reçoivent celle dite « de chemin de fer ».

Le taux de la ration est fixé d'après la catégorie à laquelle appartiennent les chevaux (tableaux H ou K ci-annexés).

Convois. Voir le chapitre XII ci-après (page 78).

B. — Détachements aux manœuvres avec cadres.

Ces détachements percevant « l'indemnité journalière exceptionnelle », il ne leur est fait *aucune allocation en nature* pour les hommes, dont la subsistance est assurée au moyen de cette indemnité (voir page 34 ci-après).

Allocations aux chevaux.

Les fourrages sont remplacés, pendant la période des manœuvres, par une « indemnité de nourriture de chevaux » (Annexe 11 du 18 février 1895) fixée à 2 francs par jour (Décret du 27 décembre 1890; tarif n° 19).

Pendant la route, pour se rendre au point de départ des manœuvres avec cadres, les chevaux touchent *en nature* la ration de route par terre ou de chemin de fer, selon le cas.

C. — Détachements aux manœuvres d'automne.

Allocations aux hommes.

Quand l'indemnité journalière exceptionnelle n'est pas allouée à ces détachements, ils perçoivent en nature :

Le pain;

La viande;

Le sucre et café (3/4 de ration) (Instruction ministérielle 18 février 1895, art. 68, et annexe 12; tableau G ci-annexé).

Les vivres en nature peuvent être convertis en *nourriture chez l'habitant* qui est demandée par demi-journée ou par journée entière.

La nourriture chez l'habitant remplace les perceptions de pain, de viande et de combustible.

Aliments complémentaires.

Les aliments autres que le pain et la viande, et le surplus de la ration de sucre et café (1/4), sont fournis par les *ordinaires*, ou au moyen de la solde et des indemnités payées journellement aux hommes comme il est dit en A, page 20.

Chauffage.

Le combustible est *alloué* en rations individuelles dont la valeur sert à alimenter la « masse du chauffage » du corps. C'est sur cette masse que sont prélevés les fonds servant aux achats de bois; aussi n'est-on pas obligé de se renfermer dans la limite des allocations, qui peuvent être dépassées, s'il en est besoin (tableau G ci-annexé).

Paille de couchage.

Quand la troupe doit rester cantonnée sur le même point pendant *plus de trois jours*, les hommes ont droit chacun à une ration qui est allouée pour une durée de quinze jours et ne peut être renouvelée avant ce délai.

Au bivouac, la troupe a droit, ainsi que les officiers, à la demi-ration (art. 66 de l'Instr.; tableau G ci-annexé).

Fourrages.

Sont toujours alloués *en nature* et perçus sur le taux de la ration dite « de guerre » (art. 66; tableaux H ou K ci-annexés).

B. — Détachements aux manœuvres de garnison.

Allocations aux hommes.

Pour une manœuvre de garnison d'une durée de vingt-quatre heures au moins, c'est-à-dire quand l'indemnité en marche est allouée par le commandement, il n'est alloué *en nature* que le sucre et café (quart de ration) comme en route (tableau G), et exceptionnellement le pain s'il peut être emporté de la garnison.

Toutes les autres allocations sont faites en deniers pour les hommes (chapitre II, § D, page 18); les ordinaires y suppléent si les indemnités sont insuffisantes.

Chauffage.

N'est alloué en rations individuelles que si les autres allocations spéciales sont faites (V. le § C précédent).

Fourrages.

Les fourrages sont perçus au taux « en station » si les allocations spéciales ne sont pas ordonnées; si elles le sont, on perçoit la ration « de route par terre » (tableaux H ou K).

E. — Détachements en conduite de chevaux de remonte.

Les hommes qui font partie de ces détachements, percevant « l'indemnité journalière exceptionnelle » au moyen de laquelle ils doivent subvenir à tous leurs besoins, *aucune allocation en nature* ne leur est faite (Voir chapitre II, § E, page 18).

Fourrages.

Les chevaux reçoivent la ration de fourrages « de route par terre » ou « en chemin de fer », selon le cas.

F. — Détachements en conduite de chevaux de réquisition.

Aucune allocation *en nature* n'est faite aux hommes qui perçoivent l'indemnité journalière *de route* ordinaire servant à assurer leur subsistance (Voir chap. II, § F, p. 19).

Fourrages.

Les chevaux de réquisition reçoivent une ration uniforme de 4 kilos de foin et 5 kilos d'avoine, quelle que soit la catégorie à laquelle ils appartiennent (Instr. du 1er août 1879, art. 27).

G. — Détachements de réservistes.

Les cadres de conduite de l'armée active, ainsi que les disponibles, réservistes et territoriaux recevant l'*indemnité journalière de route* ordinaire, n'ont droit à aucune allocation en nature. (Voir chap. II, § G, p. 19).

CHAPITRE IV

RÈGLES D'ALLOCATIONS

———

Aux chapitres II et III qui précèdent sont indiquées les diverses prestations en deniers et en nature dues dans la position de présence aux hommes et aux chevaux faisant partie des différents détachements.

Les droits à ces allocations peuvent cesser ou reprendre, en cas de mutations individuelles énumérées ci-après avec la règle à appliquer aux hommes de troupe pour chaque cas.

Promotion.

La solde de présence du nouveau grade est allouée au militaire promu à partir de la date de l'ordre de nomination (D. 29 mai 1890, tableau 1, p⁰ⁿ 36).

A l'hôpital.

Les militaires entrant à l'hôpital *n'ont droit à rien* dès le jour de l'entrée, si elle a lieu le matin.

Après le repas du matin ils ont droit : à la solde *entière*, à la *demi*-indemnité de viande, à la *demi*-ration de pain et à la ration *entière* de sucre et café.

Après le repas du soir, toutes les allocations leur sont dues (Même décret, art. 23).

Le jour de la sortie, ils recouvrent le droit à toutes les allocations (tableau 1, p⁰ⁿ 46).

En permission ou en congé.

Il n'est rien alloué aux militaires dans cette position, depuis le jour du départ jusqu'au jour de la rentrée *inclusivement* (p⁰ⁿ 45).

En mission.

Tout militaire marchant isolément reçoit, pour subvenir à ses besoins, une indemnité journalière *de route* (tableau F ci-annexé) qui lui est payée au titre des frais de route, à l'exclusion de toute autre prestation (Régl. sur les frais de route, art. 11).

Conduits par la gendarmerie.

La gendarmerie est chargée de pourvoir à la nourriture des militaires qui sont remis entre ses mains (Règl. du 1er mars 1854, art. 400). Il ne leur est plus rien alloué à partir de ce moment (D. 29 mai 1890, p°ⁿ 47).

Manquant aux appels.

Les militaires manquant aux appels cessent d'avoir droit aux allocations à partir du *lendemain* de leur disparition jusqu'au jour *inclus* de leur rentrée (p°ⁿ 48). Les centimes de poche qui sont dus à ces militaires sont acquis à l'ordinaire du détachement. (Règl. du 23 octobre 1887, art. 6).

Décédés.

Le droit aux allocations ne cesse que le *lendemain* du décès. La solde due aux militaires décédés est acquise à l'Etat. (D. 29 mai 1890, p°ⁿ 48).

Hommes et chevaux placés en subsistance.

A partir de la date où a lieu la mise en subsistance, il n'est plus fait aucune allocation au titre du corps d'origine. Les hommes reçoivent la solde de leur grade et de leur catégorie (à pied ou à cheval) si elle existe dans le corps où ils sont placés (même D., p°ⁿ 39). Les chevaux continuent de recevoir la ration de fourrages du corps auquel ils appartiennent (tableau 6, p°ⁿ 7).

Chevaux morts ou abattus.

Les chevaux *morts accidentellement* ont droit aux fourrages jusqu'au jour *inclus* de leur perte; s'ils sont *abattus* ils n'ont droit à rien pour cette journée (tableau 6, p°ⁿ 7).

SOUS-OFFICIERS RENGAGÉS OU COMMISSIONNÉS

Etant en traitement à *l'hôpital* les sous-officiers rengagés ou commissionnés ont droit à la solde d'absence, qui leur est rappelée à leur sortie (tableau A ci-annexé).

La solde de présence leur est allouée pendant la durée des permissions qu'ils obtiennent dans la limite de 30 jours. La solde de présence peut aussi leur être accordée en *congé de convalescence*, ainsi que pour aller faire usage des *eaux* ou *bains de mer*, mais, dans ce dernier cas, seulement pendant les journées effectivement passées aux eaux ou en route (aller et retour), les autres journées ne donnant droit qu'à la *solde d'absence*.

Pendant les *congés* pour *affaires personnelles*, il ne leur est alloué que la *solde d'absence* (tableau 1, p⁰ⁿ 19).

En mission, ils cumulent la solde de présence avec les indemnités *de route* ordinaire ou exceptionnelle (12ᵉ appendice des frais de route).

La *haute paye*, à raison de 30 jours par mois, leur est due dans toutes ces positions, même en cas de congé sans solde (même décret, art. 16, p⁰ⁿ 1).

Les *indemnités représentatives* de vivres et de liquides et les *prestations en nature* ne leur sont pas allouées en position d'absence, quelle que soit la solde qu'ils touchent.

CHAPITRE V

COMPTABILITÉ DES DÉTACHEMENTS

Malgré que les petits détachements dont nous nous occupons n'aient pas d'administration distincte, ils n'en sont pas moins obligés de tenir une comptabilité pour justifier ou régulariser leurs droits, assurer leurs besoins et faire face aux situations particulières qui peuvent survenir en cours de route.

Les documents dont ils ont à faire usage diffèrent suivant leur nature, de même que varient les allocations qui leur sont faites et la manière dont la perception en est assurée.

A. — Détachements ordinaires.

Rentrent dans cette catégorie, les détachements se rendant d'un point à un autre, soit par les voies de terre, soit par les voies de fer, sans prendre part à des manœuvres : changeant de corps ou de garnison, passant d'une portion de corps à une autre portion du même corps, ou allant compléter des formations de manœuvres.

En cas de changement de corps ou de passage à une autre portion du même corps, les hommes et les chevaux comptent à leur nouveau corps ou à leur nouvelle unité du jour de leur mise en route (D. 29 mai 1890, art. 49). Les allocations qui leur sont faites et les perceptions qui en découlent sont, en conséquence, régularisées et effectuées au titre du nouveau corps ou de la nouvelle unité.

Documents à emporter.

En cas de route par terre, le chef du détachement doit être muni des documents énumérés ci-après :

1º Ordre de mouvement (mod. nº 2 du 9 février 1886, p. n., p. 108) pour servir au rendu compte de l'exécution du mouvement (Service intérieur, art. 443 inf., 426 cav., 471 art.).

2º Instruction écrite sur l'objet ou le service du détachement (Serv. int., art. 443 inf., 426 cav., 471 art.).

3º Feuille de route collective (mod. du 31 décembre 1823, p. n., p. 158), portant indication de la *date* et du *lieu de départ*, de *l'effectif* du détachement et des *mandats* délivrés au départ ou en cours de route, des *gîtes d'étapes* où le détachement doit s'arrêter et du *lieu de destination*. Cette feuille est visée chaque jour à l'arrivée par le sous-intendant militaire ou son suppléant légal.

4º Mandats d'étapes pour les fourrages délivrés pour chaque gîte, *si le chef de détachement n'est pas officier*, jusqu'à destination ou jusqu'à la première résidence de sous-intendant militaire placée sur la route.

Quand le chef de détachement *est officier*, il ne reçoit des mandats d'étapes que pour les gîtes, lieux de garnison supérieure à 70 chevaux (Instr. minist. du 14 août 1896, p. s. non insérée).

5º Carnet à souches de factures et quittances (mod. 416 *bis* de la nomenclature), emporté seulement quand le chef du détachement est officier, pour servir aux *achats de fourrages* dans tous les gîtes où il n'existe pas une garnison supérieure à 70 chevaux (Instr. min. du 14 août 1896).

6º Bons de fourrages (mod. 11 ci-annexé), pour servir aux isolés, ou encore dans les mêmes gîtes que ci-dessus (5º), quand le détachement n'est pas commandé par un officier, à moins que le sous-intendant militaire n'ait délivré des mandats d'étapes.

7º Bons de convois militaires délivrés, s'il y a lieu (V. le chapitre XII, p. 78), pour chaque étape jusqu'à destination ou jusqu'à la première résidence de sous-intendant militaire.

8° Contrôle en hommes (mod. n° 24 du 29 mai 1890), ouvert par le chef de détachement quand il doit être tenu des situations administratives de dizaine.

9° Contrôle en chevaux (mod. n° 25) ouvert dans les mêmes conditions.

10° Situations administratives de dizaine (mod. n° 32 et 33 du 29 mai 1890), tenues seulement pendant les routes d'une certaine durée, quand les mutations du détachement ne pourraient parvenir à temps à l'unité (1) dont il fait partie (Décret 29 mai 1890, art. 89 et 98). Ces situations servent à l'inscription journalière de l'effectif en hommes et en chevaux, des mutations et des perceptions (m. D., art. 97).

11° Billets d'hôpital (mod. n° 44 du 25 novembre 1889, modifié) emportés en blanc pour servir en cas de besoin (V. chap. X, p. 68). Les billets d'hôpital dont sont pourvus les livrets individuels peuvent être utilisés; on les remplace ensuite.

12° Commission de vaguemestre (mod. X et XV des Serv. int.), délivrée par le chef de corps avant le départ, au nom d'un gradé du détachement.

13° Procès-verbaux de dégâts dans les cantonnements (mod. I ci-annexé), en blanc pour servir comme il est dit au chap. XIV, p. 83.

14° Mémoires et quittances (mod. n° 1 et 2 du 14 janvier 1889), en blanc, pour la régularisation de certaines dépenses (V. chapitre XIV, pages 83 à 89).

15° Certificats d'origine de blessures (mod. n° 9 du 25 novembre 1889) en blanc, pour servir en cas de besoin (V. chap. X, p. 72).

16° Procès-verbaux de mort d'un cheval (mod. XX et X des Serv. int.) en blanc, pour servir en cas de besoin (V. chap. XI, p. 77).

17° Livret d'ordinaire, si le détachement doit faire ordinaire. Dans ce cas, un cahier tracé à la main suffit pour inscrire les recettes et les dépenses journalières et recevoir l'émargement des fournisseurs.

---

(1) Si le détachement est composé de fractions de différentes unités, l'une d'elles prend les autres fractions en subsistance, afin d'éviter qu'il soit tenu une situation administrative distincte pour chaque fraction d'unité.

18° Carnet de peloton (mod. VIII et XIII des Serv. int.) comprenant la liste des hommes et des chevaux entrant dans la composition du détachement.

19° Livrets. Chaque homme doit être porteur de son livret individuel.

Les livrets matricules d'hommes et de chevaux ne sont ordinairement pas emportés par les petits détachements qui ne posséderaient pas de moyens de transport.

20° Cahier d'enregistrement, fait de quelques feuilles de papier blanc, pour servir à l'inscription de diverses opérations et des renseignements dont il est utile de conserver trace.

En cas de transport par chemin de fer, les documents numérotés 1, 2, 3, 4, 15, 16, 18, 19 et 20 sont seuls nécessaires; il est joint à la feuille de route un *bon de chemin de fer* (mod. n° 6 du 20 octobre 1894, r. r., p. 433) délivré par le sous-intendant militaire et dont il est fait usage comme il est expliqué au chap. XVII, p. 95.

Fourniture des documents et imprimés.

Les documents numérotés 1, 2 et 12 sont délivrés au chef de détachement par les soins du major.

Ceux numérotés 3, 4, 5 et 7 sont fournis par le sous-intendant militaire et remis avant le départ par les soins du trésorier.

Celui-ci fournit les imprimés n°ˢ 6, 8, 9, 10, 11, 13, 15 et 16 en quantités proportionnées à l'effectif du détachement et à la durée de la route; ceux de ces imprimés qui ne seraient pas utilisés sont rendus au trésorier à qui ils appartiennent en propre.

Les documents n°ˢ 14, 17, 18, 19 et 20 sont procurés au chef du détachement par les soins de l'unité à laquelle il appartient.

Fonds à percevoir.

La solde et accessoires et les indemnités représentatives calculées pour toute la durée de la route ou de l'absence d'après les indications du chap. II (page 15), sont touchés avant le départ par le chef de détachement. Quel que soit son grade, il en est responsable.

Une provision de fonds destinée aux achats de fourrages et à certaines dépenses accidentelles (V. chap. XIV, pages 83 à 89) est remise au chef du détachement s'il est officier; le montant en est déterminé d'après l'effectif et la durée du détachement et les prix probables des denrées; s'il a droit aux convois (V. chap. XII, page 78) la provision devra être plus forte.

Il n'est pas remis de provision de fonds aux détachements qui ne sont pas commandés par un officier, et ces avances ne sont pas nécessaires à ceux qui voyagent par les voies ferrées.

S'il doit être fait ordinaire en route, il est également remis au chef de détachement la part prélevée sur les bonis d'ordinaires des unités d'origine (V. chap. III, § A, page 20).

Comment perçus. — La solde et accessoires et les indemnités sont perçus, en cas de *changement de corps*, par le chef du détachement à la recette des finances, au moyen d'un état de solde spécial (mod. du n° 11 du 29 mai 1890) préalablement établi par lui au titre du nouveau corps et ordonnancé par le sous-intendant militaire.

L'avance nécessaire aux achats de fourrages (1) est également perçue près des agents des finances d'après un mandat délivré par le sous-intendant militaire au titre du « Service des fourrages ».

Si le temps fait défaut pour obtenir, malgré les dispositions de l'art. 26 du D. du 29 mai 1890, l'ordonnancement des sommes nécessaires au détachement, c'est le trésorier du corps d'origine qui en fait l'avance à charge de remboursement par le nouveau corps.

S'il s'agit d'un *changement d'unité*, le chef du détachement établit une feuille de prêt au titre de la nouvelle unité, pour percevoir près du trésorier la solde et les indemnités allouées.

En cas de déplacement sans changement de corps ni d'unité, la ou les unités qui ont contribué à la formation du détachement assurent le paiement à son chef de la solde et accessoires et des indemnités.

L'avance pour achats de fourrages, si le chef du détachement est officier, est faite dans ces deux derniers cas par le trésorier, sur les fonds généraux de la caisse du corps.

La part des bonis d'ordinaires est remise, s'il y a lieu, dans l'un ou l'autre cas, au chef de détachement par les unités intéressées, contre émargement donné par lui sur leurs livrets d'ordinaires.

Payements à effectuer.

Le chef de détachement paye journellement à chaque homme, s'il n'est pas fait ordinaire, l'intégralité des sommes allouées pour solde, accessoires et indemnités. — Si un ordinaire est constitué,

---

(1) Cette avance est demandée au sous-intendant militaire au moyen d'une formule modèle n° 313 de la nomenclature des imprimés de la guerre.

ce payement ne comporte que les centimes de poche (V. chap. III, page 20); le surplus de la solde et la totalité des indemnités en deniers sont versés à l'ordinaire et servent à payer les fournisseurs qui émargent sur le livret d'ordinaire.

S'il est officier, il solde en outre les achats de fourrages et les dépenses accidentelles qu'il est obligé d'engager.

Perception des vivres et des fourrages.

Avant le départ. — En cas de route par terre, il n'est emporté que le *sucre et café*, généralement perçu pour toute la durée du déplacement, près de l'administration militaire ou tout au moins jusqu'à la première place possédant un magasin de subsistances militaires.

La perception est faite au moyen d'un bon (mod. des subsistances) établi et signé par le chef du détachement au titre du nouveau corps ou de la nouvelle unité. — S'il n'y a pas changement de corps ni d'unité, cette perception est assurée par les unités où a été puisé le détachement.

En cas de transport par les voies ferrées, il est perçu avant le départ:

Les fourrages (ration de chemin de fer) pour toute la durée du trajet, au moyen d'un mandat d'étapes;

La paille de litière (2 kg 500 par cheval) au moyen d'un état d'effectif (n° 291 de la nomenclature, papier rose), sauf dans les 1er, 9e et 16e corps d'armée, où la litière est fournie par les soins du corps auquel appartiennent les chevaux embarqués, au moyen d'une indemnité de litière fixée à 0fr. 15 par cheval et par jour (Instruction ministérielle du 14 août 1896, r. s. non insérée; (tableau K ci-annexé); les denrées alimentaires, nécessaires aux repas des hommes pendant le trajet, sont achetées au moyen des indemnités en deniers allouées (V. chap. II, page 15).

Pendant la route. — Les *vivres* de toute nature, nécessaires à l'alimentation des hommes, sont achetés chaque jour à l'amiable près des commerçants de la localité où le détachement fait étape, soit en commun, soit individuellement, suivant qu'il est fait ou non ordinaire.

Les fourrages sont perçus dans tous les gîtes au moyen de « mandats d'étapes », si le chef de détachement n'est pas officier.

S'il est officier, il n'est fait usage de mandats que dans les places pourvues d'une garnison supérieure à 70 chevaux; dans les autres localités, l'officier opère comme officier d'approvisionnement et se procure les fourrages par *achats directs*.

Les perceptions par mandats et les achats sont effectués comme il est dit aux chapitres VI et XIV ci-après.

Bons de tabac.

Les fumeurs ayant droit à un bon de tabac par dizaine et d'avance (Circulaire ministérielle du 28 février 1854, r. n. p., 35) il est perçu avant le départ la quantité de bons nécessaires à la durée de la route, si la dizaine en cours ne suffit pas.

Les bons sont demandés par les soins du corps à l'administration des contributions indirectes et distribués aux hommes la veille du départ, de façon qu'ils puissent acheter leur tabac.

Médicaments.

Le chef d'un détachement devant voyager par la route reçoit, avant son départ, du médecin-major et du vétérinaire chefs de service, les médicaments les plus usuels pour assurer les premiers soins aux hommes et aux chevaux.

Ces médicaments sont préparés par doses avec l'indication des cas où ils doivent servir et la façon de les administrer (V. les chap. X et XI, pages 69 et 74).

Écritures à tenir.

Parmi les documents emportés il en est qui doivent être tenus au jour le jour, tels sont : les situations administratives de dizaine, le livret d'ordinaire et le cahier d'enregistrement. Ce dernier doit servir en quelque sorte de « registre-journal », pour l'inscription des sommes perçues et des paiements effectués; le chef du détachement y enregistre : les distributions, avec indication des dates, lieux, noms des fournisseurs, taux des rations et quantités touchées; les mutations (s'il n'est pas tenu de contrôles); les punitions infligées; la correspondance de service; les envois de pièces; les événements de toute nature et les particularités à signaler dans ses rapports aux différentes autorités (V. chap. VII, page 59); en un mot, tout ce qui concerne et intéresse le commandement et l'administration du détachement. Pour toutes ces opérations, le chef doit se pénétrer du principe suivant : lui disparu, son successeur doit être renseigné, à l'aide du cahier d'enregistrement, sur tout ce qui s'est passé dans le détachement aussi exactement et aussi fidèlement que s'il l'eût commandé depuis le premier jour.

Il est fait usage des autres documents emportés au fur et à mesure des besoins.

Règlement des comptes à la rentrée au corps.

Sa mission terminée, le chef de détachement doit, après s'être présenté à son chef de corps et à son capitaine commandant, se rendre près du trésorier du régiment pour lui remettre tous les documents dont il est porteur, ainsi que les imprimés dont il n'aurait pas fait usage.

Il lui donne tous les renseignements concernant l'administration de son détachement, notamment ceux ayant trait aux prestations extraordinaires qui auraient pu être allouées, aux perceptions en nature effectuées et dont il lui remet le relevé établi par nature de denrées et par unités administratives, à l'emploi des fonds avancés dont il rembourse le reliquat, à la justification des dépenses accidentelles soldées ou restant à payer, à la situation des hommes et des chevaux qui auraient été laissés en route, enfin tous les détails utiles à connaître pour régulariser la gestion du détachement.

Le livret d'ordinaire est remis au capitaine commandant l'unité à laquelle appartient le détachement, avec le montant du boni restant en avoir. Si la solde a été avancée par l'unité, c'est aussi avec le capitaine commandant que règle le chef du détachement dans le cas où des mutations se seraient produites.

Enfin, il garde par devers lui son cahier d'enregistrement, pour fournir tous renseignements qui pourraient lui être demandés ultérieurement.

B. — Détachements en escorte.

Documents à emporter.

Les documents et imprimés nécessaires sont désignés au § A précédent (page 27) sous les nos 2, 3, 4, 5 ou 6, 13, 14, 15, 16, 18, 19 et 20.

Fonds à recevoir.

L'indemnité journalière exceptionnelle et l'indemnité de nourriture des chevaux allouées (chap. II, § B, page 17), sont payées au chef du détachement par les soins du trésorier, la veille du départ. Mention de ces payements est faite sur la feuille de route.

Perceptions pour les chevaux.

Pendant *la route par étapes*, à l'aller et au retour, le chef du détachement perçoit les fourrages comme il est dit au § A précédent (page 31).

Pendant la *période d'escorte*, il assure la nourriture des chevaux, par achats *faits à l'amiable*, au moyen de l'indemnité de 2 francs qui lui a été remise pour chaque cheval et par jour. Il doit s'attacher à traiter avantageusement, de façon à se procurer des fourrages de très bonne qualité et en quantités supérieures, si possible, aux taux de la ration réglementaire (tableaux H ou K). Il se fait en tous cas remettre, pour les denrées achetées, des factures acquittées, qu'il conserve pendant plusieurs mois après sa rentrée, afin de pouvoir couper court à toutes réclamations ultérieures.

Alimentation des hommes.

Chaque homme doit subvenir à tous ses besoins avec l'indemnité exceptionnelle de 2 fr. 50 qui lui est remise *chaque jour* par le chef du détachement ; mais celui-ci a le devoir de surveiller l'usage qui en est fait et de s'assurer que ses hommes se nourrissent convenablement ; il s'enquiert des facilités qu'ils trouvent dans leurs logements pour préparer leur nourriture, veille à ce qu'ils payent régulièrement les denrées qui leur sont fournies, et, au besoin, il les fait vivre en commun, ce qui est encore le mode de vivre le plus sûr et le plus avantageux.

Écritures à tenir.

Comme au § A ci-dessus (page 32).

Au cahier d'enregistrement doit ressortir chaque jour, séparément pour les hommes et pour les chevaux, le montant des sommes restant entre les mains du chef de détachement. Si plusieurs escadrons ont contribué à la formation du détachement, les fourrages sont enregistrés distinctement par unités (rations et quantités en poids), afin que celles-ci les inscrivent à la rentrée sur leur registre de comptabilité trimestriel, en ce qui concerne les fourrages perçus *gratuitement* et non ceux achetés au moyen de l'indemnité de nourriture.

Tabac.

Est emporté pour la durée du détachement (§ A ci-dessus, page 32).

Médicaments.

Sont emportés comme il est dit au § A ci-dessus (page 32).

Réglement à la rentrée.

A lieu comme au § A précédent (page 33).

C. — Détachements aux manœuvres d'automne.

Selon qu'ils sont formés pour aller prendre part à des manœuvres auxquelles ne participent pas leur régiment ni leur unité, par exemple à des manœuvres d'une autre arme, ou qu'ils sont fournis pendant que l'unité à laquelle ils appartiennent prend part elle-même aux manœuvres, ces détachements peuvent être classés en deux catégories correspondant à chacune de ces situations.

Nous dénommerons ceux qui font partie de la 1re catégorie « détachements spéciaux », et ceux de la 2° « détachements éventuels ».

1° Détachements spéciaux.

Pour se rendre au point de concentration des manœuvres assigné par l'ordre de mouvement, comme pour regagner leur garnison après la dislocation, ces détachements sont considérés comme en route par terre (18 février 1895, titre III, art. 11). Ils sont traités et opèrent pendant la route, à l'aller et au retour, comme il est indiqué aux §§ A précédents (chapitres II, III et V), tandis que, *pendant la période des opérations de manœuvres*, les allocations qui leur sont faites sont celles des §§ C (chapitres II et III).

La manière d'opérer pendant cette période est alors toute différente suivant que le détachement est commandé ou non par un officier.

Détachement commandé par un officier.

L'officier commandant un de ces détachements l'administre pendant toute la durée de l'absence.

Pendant la route d'aller et de retour, il opère comme un détachement ordinaire.

Dès qu'il entre dans la période *des manœuvres*, les allocations changent ainsi que le mode de perception :

Le pain et la viande, au lieu d'être achetés directement par les hommes ou au compte de l'ordinaire, à l'aide des unités représentatives, sont alloués en nature et achetés par le chef de détachement opérant comme officier d'approvisionnement, ainsi qu'il est dit au chapitre XIV ci-après (page 87).

Le pain et la viande peuvent être remplacés par des journées ou des demi-journées de *nourriture chez l'habitant*.

Le sucre et café est perçu avant le départ, soit pour la route d'aller seulement, soit pour toute la durée de l'absence, suivant les ordres particuliers donnés à ce sujet. Il est généralement perçu en trois fois : pour la route d'aller avant le départ, pour la période des manœuvres à l'arrivée au lieu de concentration, pour le retour au lieu de la dislocation. Ces perceptions sont faites à des taux différents (V. tableau G) près de l'administration militaire et au moyen de bons signés du chef de détachement.

Les fourrages sont perçus au taux du « pied de guerre ».

Le combustible est perçu, s'il y a lieu.

Les achats de pain, de viande, de nourriture chez l'habitant, de fourrages et de combustible sont effectués et régularisés comme il est dit au chapitre XIV ci-après.

L'officier commandant un détachement devant prendre part à des manœuvres reçoit donc, avant son départ, les documents, fonds, etc., énumérés au paragraphe A ci-dessus.

Il lui est remis en outre :

Un carnet *d'ordres* et un carnet de *reçus de réquisition*, pour servir si besoin est pendant la période des manœuvres (voir chapitre VI ci-après, page 57).

Détachement commandé par un sous-officier.

Le détachement commandé par un sous-officier opère, pendant les routes d'aller et de retour, comme les détachements ordinaires.

Pendant la période des manœuvres, le sous-officier commandant n'ayant pas qualité pour acheter les denrées qui sont nécessaires à son détachement, celui-ci doit, ou *être mis en nourriture* près d'un corps ou d'un quartier général (et, dans ce cas, il continue à être administré par son chef), ou bien *être placé en subsistance* dans un corps, et alors il passe sous l'administration de ce corps.

La mise en nourriture ou en subsistance est ordonnée pas le commandement.

Cas de mise en nourriture. — Le chef du détachement n'a qu'à percevoir les denrées allouées en nature (pain, viande, fourrages) et le combustible, contre des *bons de distribution* ordinaires qu'il remet à l'officier qui lui délivre ces denrées, sans avoir à s'occuper de l'achat ni du payement.

Nota. — Les quantités ainsi perçues devant être ultérieurement imputées au corps; le chef de détachement doit avoir soin de les enregistrer sur son cahier.

Les détachements ainsi traités, de même que les précédents commandés par un officier, continuent de tenir des situations administratives de dizaine pendant les manœuvres comme en route, et d'assurer à leurs hommes la solde, accessoires et indemnités diverses allouées en deniers, au moyen des fonds qu'ils ont reçus avant leur départ du régiment.

Cas de mise en subsistance. — Le détachement mis en subsistance reçoit, de l'unité à laquelle il est rattaché, toutes les allocations en deniers et en nature auxquelles il a droit. (Voir chapitre IV.)

Le chef de détachement cesse alors toute inscription sur la situation administrative de dizaine, après toutefois y avoir inscrit la mutation de mise en subsistance; le jour où cesse la subsistance, il reprend l'administration de son détachement.

Formalités à l'arrivée et au départ.

Les chefs de ces deux sortes de détachements font viser leur *feuille de route* collective, à l'arrivée au point de concentration et au départ, par le sous-intendant militaire attaché aux manœuvres, qui leur délivre *les mandats d'étapes* nécessaires pour la route du retour, s'il y a lieu.

2° Détachements éventuels.

Les détachements fournis pendant des manœuvres auxquelles prend part leur unité ne reçoivent pas de feuille de route collective ni autres pièces et ne tiennent par conséquent pas de situations administratives de dizaine; à moins qu'ils ne soient placés en *subsistance complète* (et non *en nourriture*) dans un autre corps, ils continuent de compter à leur unité qui pourvoit à tous leurs besoins en employant l'un des procédés ci-après, suivant le cas:

a — *Le détachement est commandé par un officier.*

Ces détachements continuent d'être administrés par leur unité dont ils ne sont séparés que pour peu de temps.

Le commandant de l'unité fait assurer la subsistance des hommes et des chevaux détachés par l'officier chef de détachement, à qui il remet :

La solde et accessoires pour la durée présumée de l'absence ;

Une avance de fonds pour payer les vivres, les fourrages et le combustible ;

Des imprimés de factures et quittances *extraits de son carnet à souches*, pour régulariser les achats de vivres et de fourrages, ou le payement des demi-journées de nourriture d'hommes et de chevaux, si ce mode de vivre est jugé préférable ;

Et des *imprimés de quittances* pour les achats de bois (1).

A défaut de fonds, et s'il ne peut se les procurer à temps près de l'officier payeur, le capitaine commandant remet à l'officier des imprimés *d'ordres* et *de reçus de réquisition*, dont il est fait usage pour la perception des vivres et des fourrages comme il est expliqué au chapitre VI ci-après (page 58).

Le combustible n'est jamais requis, mais acheté et payé séance tenante, ou perçu contre des bons à rembourser ultérieurement par le corps.

Le sucre et café est emporté, ou prélevé sur les « vivres du sac » en cas de nécessité.

b — *Le détachement n'est pas commandé par un officier.*

Rentrent dans cette catégorie : les escortes, les patrouilles, les postes de correspondance ou de liaison, les télégraphistes, les vélocipédistes et autres isolés.

L'ordre en vertu duquel le détachement est formé *doit faire connaître :*

S'il sera mis en *subsistance complète* dans un autre corps, hommes et chevaux, ou les chevaux seulement, l'indemnité journalière exceptionnelle pouvant être allouée aux hommes de certains détachements ;

---

(1) Il n'est pas acheté de combustible si le détachement perçoit ou requiert les demi-journées de nourriture.

Ou s'il sera mis *en nourriture*, hommes et chevaux, ou les chevaux seulement, selon que l'indemnité exceptionnelle n'est pas ou est allouée aux hommes;

Ou s'il devra pourvoir en entier à sa subsistance, avec ou sans l'indemnité exceptionnelle.

1° *Le détachement est mis en subsistance.* — Dans ce cas, c'est le corps où le détachement est placé qui pourvoit à tous ses besoins : solde et indemnités, vivres, fourrages et combustible. Si l'indemnité *exceptionnelle* est allouée aux hommes, le chef du détachement la touche, avant son départ, près de l'officier payeur, pour toute la durée de l'absence, et la paye journellement à ses hommes (voir le § B ci-dessus, page 34). Les chevaux seuls sont alors placés en subsistance, car l'indemnité de nourriture des chevaux *n'est jamais allouée* pendant les manœuvres d'automne.

2° *Le détachement est mis en nourriture.* — La solde et les indemnités ou l'indemnité journalière exceptionnelle sont remises avant le départ à son chef qui établit des bons (comme il est dit précédemment au § 1°, page 37), dont il prend note, pour percevoir, près du corps désigné, les vivres, le bois et les fourrages nécessaires. S'il a reçu l'indemnité exceptionnelle il ne perçoit ainsi que les fourrages.

A sa rentrée à l'unité il rend compte des quantités qu'il a touchées.

3° *Le détachement vit sur lui-même.* — Alors il est remis à son chef, avant le départ, la solde et les indemnités, ou le montant de l'indemnité exceptionnelle si l'ordre l'a allouée, et des imprimés d'ordres et de reçus de réquisition (les sous-officiers n'ayant pas qualité pour opérer des achats), au moyen desquels il se procure chaque jour les vivres et les fourrages auxquels le détachement a droit, ou seulement les fourrages si l'indemnité exceptionnelle a été allouée.

Le sous-officier chef de détachement opère les réquisitions comme il est dit au chapitre VI ci-après (page 58).

Les achats de bois étant peu importants, il peut les effectuer et les solder, ou encore percevoir le combustible contre des bons (V. chap. XIV, page 88), si toutefois il ne requiert pas les demi-journées de nourriture.

Écritures.

Le chef d'un détachement fourni éventuellement doit noter les sommes qu'il reçoit et celles qu'il paye, ainsi que les perceptions qu'il effectue, afin de pouvoir toujours en justifier. De même, il doit prendre note des événements survenus dans son détachement, afin d'en rendre compte.

OBSERVATIONS. — Il est à remarquer que l'allocation de l'indemnité journalière exceptionnelle, qui est payée sur les frais de route, entraîne la radiation des hommes qui la touchent du chiffre des présents compris sur la *situation administrative* de l'unité.

Les chevaux sont maintenus sur cette situation administrative quand ils sont mis en nourriture dans une autre unité ou un autre corps; ils en sont rayés s'ils sont mis en subsistance.

Les *hommes malades* laissés sur place comme non transportables, ou évacués sur un hôpital ou sur la garnison, sont aussi rayés de la situation administrative de leur unité du jour où celle-ci cesse d'assurer leur subsistance.

Il en est de même pour les *chevaux indisponibles* laissés en arrière et pour les hommes chargés de les soigner.

D. — Détachements aux manœuvres de garnison.

Achats à effectuer.

Bien que le droit de réquisition soit ouvert pendant ces manœuvres (Note minist. du 5 mai 1897), les détachements qui y prennent part doivent se procurer par achats toutes les denrées qui leur sont nécessaires et qu'ils n'ont pu emporter de la garnison.

Ces achats sont de deux sortes :

1° Ceux qui ont pour objet l'alimentation des hommes ;

2° Ceux qui se rapportent à la fourniture des fourrages et du combustible.

Les premiers sont effectués au moyen des allocations en deniers dues aux hommes (page 18, chap. II, § D), remises avant le départ aux chefs de détachements par les soins des unités, qui y ajoutent, s'il y a lieu, une certaine somme prélevée sur le boni des ordinaires.

Les seconds sont effectués comme il est dit au chapitre XIV (pages 87 et 88).

Perception des fonds.

La solde, accessoires et indemnités représentatives, sont touchés sur feuille de prêt par les unités.

L'indemnité en marche est perçue sur états spéciaux, numériques pour la troupe, nominatifs pour les officiers, établis en trois expéditions dont une copie conforme, par chaque unité (Instruction ministérielle du 18 février 1895).

L'avance pour achats de fourrages et de combustible est faite par le trésorier aux officiers chefs de détachements. Ceux d'un grade inférieur perçoivent les fourrages au moyen de bons (V. chap. VI, p. 56), ainsi que le combustible (V. chap. XIV, p. 88).

Documents à emporter.

Les officiers emportent : un carnet à souches de factures et quittances; des imprimés de mémoires et quittances pour achats de combustible et le payement des dégâts dans les cantonnements, ainsi que des procès-verbaux pour dégâts (modèle 1 ci-annexé).

Vivres à emporter.

Le sucre et café, 1/4 de ration par jour (tableau G) perçu gratuitement par les unités, plus la même quantité fournie par les ordinaires, est emporté dans le paquetage ainsi qu'un repas d'avoine (2 kilog.). Le pain n'est emporté que si l'on dispose de moyens de transports, sinon il est acheté sur place, ainsi que les autres denrées alimentaires, au moyen des indemnités allouées.

Rentrée au corps.

Le chef de détachement règle avec son unité; il remet au trésorier les factures acquittées (fourrages, combustible, dégâts), les bons de fourrages représentant les quantités achetées et le reliquat de la somme qui lui avait été avancée. S'il n'est pas officier, il remet l'enregistrement des bons de fourrages et de combustible qu'il a délivrés et perçus.

E. — Détachements en conduite de chevaux de remonte.

Mode de transport employé.

Le transport de ces détachements est ordinairement effectué en chemin de fer pour aller prendre livraison des chevaux de remonte. Il n'a lieu par les voies ferrées, pour le retour avec les chevaux, que lorsque le trajet atteindrait au moins 60 kilomètres comptés sur route (Instruction ministérielle du 16 janvier 1895, v. n., p. 45); si le trajet est inférieur à cette distance, la voie de terre est employée (Art. 83 du règlement du 1er août 1896 sur le service de la remonte à l'intérieur).

Documents à recevoir.

Le chef du détachement reçoit avant le départ :

1° Une feuille de route collective qu'il fait viser à l'arrivée à destination par le sous-intendant militaire ou le directeur de l'établissement et qu'il conserve pour le retour;

2° Un bon de chemin de fer qu'il remet à la gare de départ en échange du billet collectif qui est conservé par lui pour être remis au fonctionnaire de l'intendance ou suppléant légal (1) chargé du visa de la feuille de route à l'arrivée;

3° Un carnet à souches de factures et quittances pour achats de fourrages, s'il est officier.

Pour le retour il lui est remis par les soins de l'établissement de remonte :

1° Un bordereau de livraison des chevaux, servant de feuille de route pour les chevaux, avec indication de l'itinéraire (mod. n° 12 du 1er août 1896, B. O., v. n.);

2° Un bon de chemin de fer, s'il y a lieu. Ce bon est échangé à la gare contre un billet collectif, gardé avec les feuilles de route (hommes et chevaux) jusqu'à la rentrée au corps;

3° Les livrets d'infirmerie des chevaux livrés, avec cartes d'origine, s'il y a lieu;

4° Un bon pour la paille de litière à placer dans les wagons;

5° Le ou les mandats d'étapes pour les fourrages à toucher avant le départ, ou en route s'il n'est pas officier;

6° Les clous et fers de derrière pour les chevaux non ferrés des quatre pieds.

---

(1) Dans les établissements hippiques ou annexes de remonte, c'est l'officier commandant ou le directeur de l'annexe qui remplit ces fonctions.

Fonds à emporter.

Le chef de détachement reçoit du trésorier :

L'indemnité journalière exceptionnelle allouée à chaque homme pour toute la durée de l'absence (V. chap. II, § E, page 18). L'indemnité journalière de route qui lui est due, s'il est officier, est comprise sur la même liste de paiement (mod. 141 *bis*, décret du 12 juin 1867).

S'il est officier, il reçoit en outre une avance de fonds pour l'achat des fourrages nécessaires au retour, qu'il ait lieu par les voies ferrées ou par voie de terre.

Matériel à emporter.

Le détachement doit être muni au départ du matériel ci-après :

1° Bridons,   un par cheval à ramener;
2° Licols,   —
3° Longes en corde,   —
4° Couvertures,   —
5° Surfaix,   —
6° Camails,   —   (autant que possible, ou au moins un par cheval de tête);
7° Musettes-mangeoires, une par cheval;
8° Cordes de poitrail, une pour quatre chevaux, ou pour trois chevaux de cuirassiers, en cas de transport par chemin de fer seulement;
9° Etuis-musettes, un par cavalier;
10° Effets de pansage, un jeu par cavalier;
11° Seaux en toile, un par cavalier, ceux-ci n'étant qu'au nombre de un pour quatre chevaux de ligne ou de légère, un pour trois chevaux de réserve (Traité du 14 octobre 1890 et décret du 20 octobre 1894).

Tenue.

Les hommes de ces détachements sont en petite tenue, sans armes; ils emportent leur manteau, le petit bidon, la gamelle et la cuiller.

Payements à effectuer.

L'indemnité exceptionnelle est payée aux hommes chaque jour.

Les achats de fourrages sont effectués, s'il y a lieu, conformément aux prescriptions indiquées au chapitre XIV, page 87.

Alimentation.

L'attention du chef de détachement se porte particulièrement sur la façon dont pourront subsister ses hommes à l'aller, pendant le séjour à l'établissement de remonte, et au retour.

Pour le trajet en chemin de fer, il se reporte aux indications du chapitre XVII, page 95.

Si le retour a lieu par étapes, il fait vivre ses hommes comme il est dit au § B précédent, page 34, et accomplit en outre toutes les formalités indiquées pour les détachements voyageant par les voies de terre (V. chap. XVI, pages 92 à 94).

Rentrée au corps.

Si le transport des chevaux a lieu par les voies ferrées, le chef de détachement avertit télégraphiquement son chef de corps (V. chap. VI, page 54) de l'heure d'arrivée du train, pour que des hommes soient envoyés à la gare pour aider au débarquement.

Aussitôt arrivés, les chevaux sont visités par le vétérinaire en présence du chef de détachement. Un récépissé constatant leur état de santé est établi par le vétérinaire, visé par le chef de corps et adressé sans délai au dépôt livrancier.

Le chef de détachement, après avoir rendu compte de sa mission au colonel, se rend chez le trésorier pour lui remettre les documents dont il est porteur et régler avec lui, s'il y a lieu.

Le matériel emporté est ensuite rendu à qui de droit.

F. — Détachements en conduite de chevaux de réquisition.

Documents.

Les gradés chargés d'aller chercher des chevaux de réquisition voyagent en chemin de fer à l'aller.

Ils reçoivent avant leur départ du corps :

1o Un extrait de l'état de réquisition ;

2o Un ordre de mouvement rapide (violet), tenant lieu de feuille de route ;

3o Un bon de chemin de fer (attenant à l'ordre de mouvement).

Pour le retour, qui a lieu par étapes, ils sont munis, par les soins des présidents des commissions de réquisition, des pièces ci-après :

1° État signalétique des chevaux, mod. n° 8 de l'instruction du 1er août 1879 ;

2° Ordre de mouvement, mod. n° 9 *id.* ;

3° Liste des hommes composant le détachement, mod. n° 9 *id.* ;

4° Bons de fourrages, mod. n° 12 *id.*

Fonds.

Il leur est payé au corps, avant le départ, l'indemnité journalière *de route* (tableau F ci-annexé) pour toute la durée de la mission (art. 25 et 26 du 1er août 1879).

Ils reçoivent des présidents de commissions de réquisition, pour chaque journée de retour, y compris celle de l'arrivée au corps, contre reçu modèle n° 10 du 1er août 1879 :

1° L'indemnité journalière de 1 fr. 25 pour être payée journellement aux hommes et assurer leur subsistance complète (art. 23 et 26).

2° Une avance de 0 fr. 50 par cheval, destinée à parer aux dépenses éventuelles (ferrure, réparations aux effets de harnachement) qui pourraient survenir pendant la route, s'il y a plus d'une étape à parcourir (art. 26).

Opérations au siège de la commission.

A l'arrivée au siège de la commission de réquisition près de laquelle il est envoyé, chaque gradé se met à la disposition du président de la commission ; il reçoit les chevaux requis et affectés au corps par ce dernier, vérifie leur identité, visite la ferrure qui doit être en bon état, et veille à ce que chaque cheval qui lui est remis soit muni d'un bridon, d'un licol et d'une longe solides (art. 45 de la loi du 3 juillet 1877).

Il forme son détachement à l'aide des hommes des services auxiliaires qui sont placés sous ses ordres pour soigner et conduire les chevaux jusqu'à destination ; il en est alors responsable au point de vue de la conduite, du bon ordre, de la discipline et de la conservation des chevaux.

Formalités en route.

Il se met en route et s'arrête dans les gîtes d'étapes indiqués sur l'ordre de mouvement n° 9. A son arrivée dans chacun d'eux, il se présente à la mairie pour recevoir des billets de logement, faire viser l'ordre de mouvement ainsi que le bon de fourrages n° 12 qu'il touche ensuite.

Pour la subsistance des hommes et des chevaux et les formalités à remplir en cas d'événements, il se conforme à ce qui est indiqué dans cet ouvrage, notamment aux chapitres V (§ 13), VI. VII, X, XI, XIV et XVI.

Les mutations qui surviennent parmi les hommes sont inscrites sur la liste annexée à l'ordre de mouvement n° 9; celles des chevaux le sont dans les colonnes 14 et 15 de l'état signalétique n° 8.

A la rentrée au corps.

A sa rentrée dans la garnison, il présente les chevaux qu'il a amenés à la commission de réception du corps, qui les examine à l'aide de l'état 8; il remet au trésorier toutes les autres pièces dont il est porteur, y compris l'ordre de mouvement rapide (violet) qui lui a servi pour l'aller et qu'il a dû faire viser à l'arrivée au siège de la commission; le reliquat des sommes non employées; les factures des dépenses accidentelles qu'il a acquittées en route et l'enregistrement des bons de fourrages perçus dans les différents gîtes d'étapes.

G. — Détachements de réservistes.

En temps de paix, les cadres chargés de la conduite de ces détachements sont dirigés sur les bureaux de recrutement, au moyen de « feuilles de route ».

En cas de mobilisation, les feuilles de route sont remplacées par des « ordres de mouvement rapide » (couleur violette pour les isolés, jaune pour les détachements), auxquels sont annexés des « bons de chemin de fer ». Les officiers de réserve font usage, pour se rendre au recrutement, de « l'ordre de mission spéciale » annexé à leur « ordre de mobilisation individuel ». Les cadres de conduite ont droit, comme en temps de paix, à l'indemnité journalière de route de leur grade (V. chap. II, § F).

Documents et fonds.

Dès que le détachement est constitué, son chef reçoit du commandant du bureau de recrutement, *en temps de paix*:

1° La liste nominative des hommes du détachement (modèle 139 B);

2° Le montant des sommes à leur distribuer;

3° La feuille de route collective;

4° Le bon de chemin de fer, s'il y a lieu.

En cas de mobilisation :

1° La liste nominative (139 B);

2° Les sommes à distribuer (déduction faite de la valeur des repas perçus au point de départ ou à recevoir dans les stations-haltes, s'il y a lieu);

3° L'ordre de mouvement rapide (jaune), avec bons de chemin de fer y annexés, s'il y a lieu;

4° Des bons de vivres remboursables, à percevoir au point de départ ou dans les haltes-repas, s'il y a lieu (Instr. minist. du 31 mars 1897).

Les cadres de conduite ont dû faire viser leurs feuilles de route, ordres de mouvement ou de mission spéciale, à l'arrivée et au départ du bureau de recrutement.

Réservistes voyageant par les voies de terre.

Ces détachements ne reçoivent ni bons de chemin de fer, ni bons de vivres.

Que ce soit en temps de paix ou à la mobilisation, les hommes subsistent au moyen de l'indemnité de 1 fr. 25 qui leur est remise chaque matin par le chef de détachement (28 déc. 1894, art. 36).

Alimentation des réservistes voyageant par les voies ferrées.

En temps de paix, le chef de détachement fait acheter des vivres pour le trajet en chemin de fer, s'il est nécessaire de faire un repas en route; il en prélève la valeur sur l'indemnité de 1 fr. 25 revenant aux hommes à qui il ne paye que la différence.

A la mobilisation, ces détachements ont droit, à partir de l'arrivée des hommes au bureau de recrutement jusqu'à leur arrivée à destination, à un repas par période de douze heures, *délivré contre remboursement* (1).

Pour le calcul des périodes de douze heures, tous les hommes sont considérés comme étant arrivés à 8 heures du matin au bureau de recrutement. Les périodes de moins de douze heures ne donnent droit à aucune allocation.

---

(1) La valeur de ces repas est fixée, chaque année, par le tarif de remboursement des denrées du service des subsistances publié à la partie supplémentaire du *Bulletin officiel* du ministère de la guerre (Circ. minist. du 19 juillet 1897).

Les repas sont composés, en principe, d'une demi-ration, qui comprend :

375 grammes de pain ;
125 — de conserve de viande ;
5 — de sel.

Le pain est distribué au départ, par les soins du bureau de recrutement, pour toute la durée du trajet. Il en est de même de *la viande* et *du sel*, à moins que le détachement n'ait à s'arrêter dans des « stations haltes-repas », auquel cas la distribution ne comprend des vivres froids que pour les repas pris en dehors des stations haltes (Instr. du 31 mars 1897, art. 2).

Les repas distribués dans ces stations sont composés de :

125 grammes de viande froide de conserve ;
5 — de sel,
25 centilitres de café chaud mélangé d'eau-de-vie (même instruction, article 1er).

Les perceptions ont lieu sur la présentation de bons extraits d'un registre à souche modèle K. Ces bons sont établis et décomptés par les soins du bureau de recrutement, tant pour les vivres perçus au point de départ que pour les repas à recevoir dans les stations-haltes ; le montant en est retenu sur les indemnités de route à remettre au chef de détachement qui emporte les bons à percevoir dans les stations-haltes (même inst., article 35, 41 et annexe 16).

Le chef de détachement procure en outre à ses hommes des aliments complémentaires pour le trajet, tels que : *charcuterie*, *fromage* et une *boisson* quelconque. Il n'a donc plus à leur payer que le reliquat de l'indemnité journalière de 1 fr. 25.

Pour les formalités à remplir en ce qui concerne le transport en chemin de fer, se reporter au chapitre XVII ci-après.

Arrivée au corps.

Le chef de détachement justifie des paiements effectués auprès du trésorier du corps à qui il remet la liste nominative 139 B, la feuille de route collective, le billet collectif de chemin de fer, l'ordre de mouvement rapide ou de mobilisation individuel, et le montant des indemnités reçues et non payées aux hommes ayant fait mutation pendant le trajet (art. 39 de l'Instr. du 28 décembre 1894, r. n., p. 655).

IIIe PARTIE

———

RÈGLES COMMUNES A TOUS LES DÉTACHEMENTS

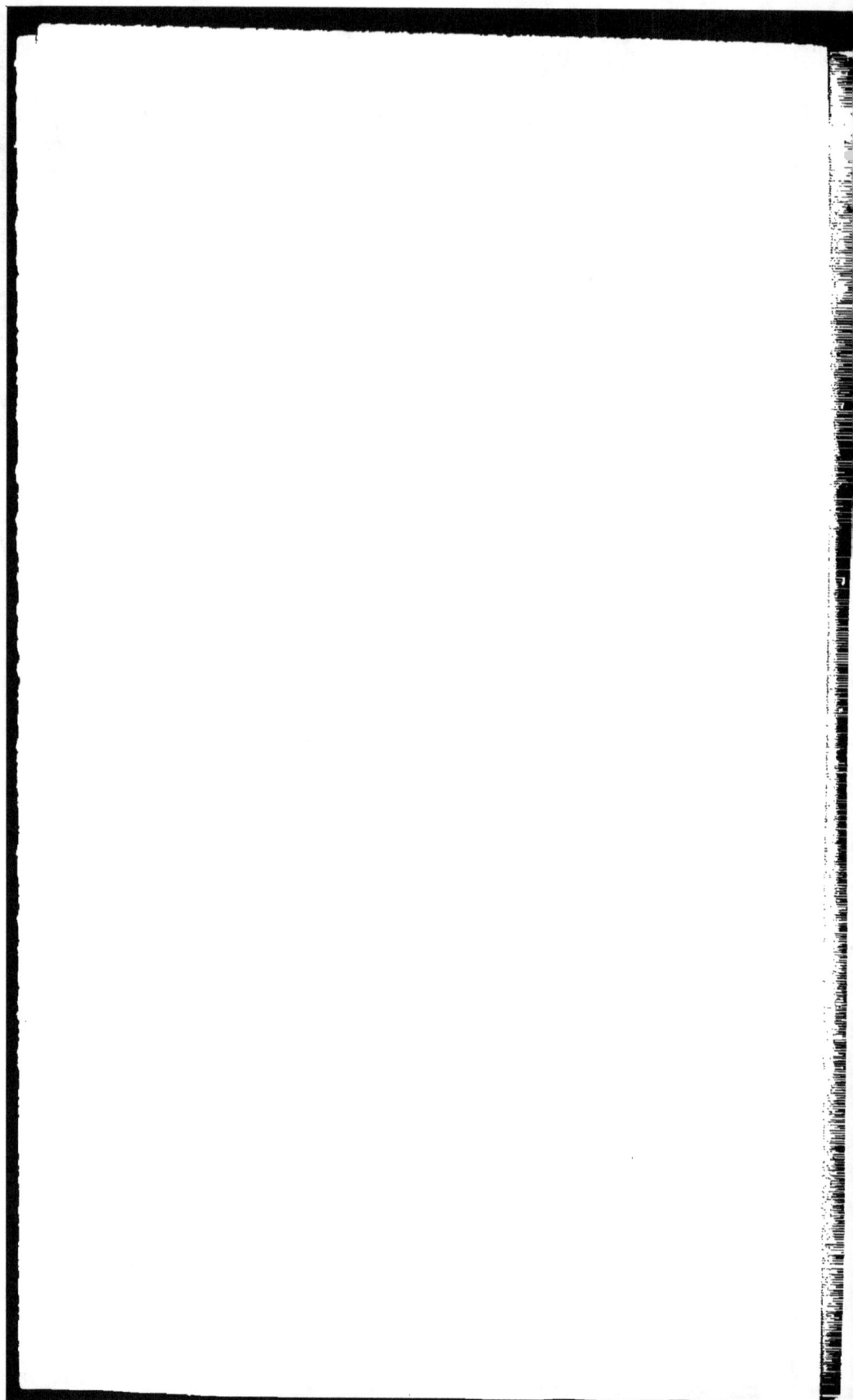

CHAPITRE VI

ATTRIBUTIONS DES CHEFS DE DÉTACHEMENTS

Responsabilité.

Tout commandant de détachement est responsable de la discipline, de l'instruction, du service et de la police dans son détachement (Serv. int., art. 425 (1)); de l'état sanitaire des hommes et des chevaux; de l'existence, de la conservation et du bon entretien des effets et du matériel qui lui sont confiés.

Il observe scrupuleusement les règles établies au régiment et les instructions particulières qui lui ont été données; si les circonstances l'obligent à s'en écarter il en rend compte sur-le-champ au colonel (Serv. int., art. 425).

Permissions.

En principe il n'est pas accordé de permissions aux militaires pendant la durée d'une mission.

En cas d'urgence, les demandes de permission sont transmises au chef de corps par le commandant du détachement, qui émet son avis.

Si le détachement est détaché dans une autre région de corps d'armée, la demande est faite à l'autorité militaire locale (général commandant la subdivision de région ou commandant d'armes) qui statue; il est toujours rendu compte au chef de corps (Décret du 1er mars 1890, art. 5).

Les commandants de détachements n'ont donc pas le droit d'accorder des permissions pour quitter le détachement, à moins qu'ils ne soient officiers supérieurs (Serv. int., art. 291).

Leurs prérogatives se bornent à accorder des exemptions d'appel et de service, des permissions de 10 heures, de minuit ou de la nuit, comme les capitaines commandants (Serv. int., art. 285 et 286).

---

(1) Les numéros des articles du service intérieur cités au cours de la IIIe partie sont ceux du service intérieur des troupes de cavalerie.

k=3...

Punitions.

Le supérieur doit s'attacher à prévenir les fautes, et, lorsqu'il est dans l'obligation de punir, il recherche avec soin toutes les circonstances atténuantes.

Les punitions doivent être proportionnées non seulement à la faute, mais encore à la conduite habituelle, au caractère et au degré d'intelligence de chaque homme. Elles doivent être infligées avec justice et impartialité (Serv. int., art. 294).

Droits en matière de punitions. — Les capitaines, les lieutenants ou sous-lieutenants, commandants de détachements, ont les mêmes droits que les officiers supérieurs (Serv. int., art. 293), c'est à dire qu'ils peuvent infliger :

Aux sous-officiers :
{ 30 jours de privation de sortir après l'appel ;
{ 15 jours de consigne au quartier ;
{ 15 jours de consigne à la chambre ;
{ 8 jours de prison ;
{ la réprimande (Serv. int., art. 304).

Aux brigadiers et cavaliers :
{ 30 jours de consigne au quartier ;
{ 15 jours de salle de police ;
{ 8 jours de prison. (Serv. int., art. 306.)

Tout sous-officier ou brigadier commandant un détachement a les mêmes droits que les lieutenants ou sous-lieutenants (Serv. int., art. 293), c'est-à-dire qu'ils peuvent infliger :

Aux brigadiers et cavaliers :
{ 8 jours de consigne au quartier ;
{ 4 jours de salle de police (art. 306).

Le cavalier chef de détachement a les mêmes droits que le brigadier (art. 293), soit :

Aux cavaliers : | 2 jours de consigne.

Punitions de prison. — Les cavaliers qui ont commis des fautes graves contre la discipline : défaut d'obéissance, ivresse, querelles entre militaires ou avec des citoyens, manquement à un service (Serv. int., art. 202) et qui se trouveraient dans le cas d'être punis de prison ; ceux qui maltraitent leurs chevaux ou qui n'en ont pas soin, *sont démontés pendant toute la route* (Serv. int., art. 420).

Si le droit d'infliger une punition de prison n'est pas dans les attributions du chef de détachement, il en réfère au colonel, et, en cas d'urgence, au général commandant la subdivision de région (Serv. int., art. 293).

Il est rendu compte au chef de corps des punitions infligées dans les détachements.

Hommes manquant aux appels.

Recherches. — Le chef de détachement doit, dès qu'il s'aperçoit qu'un homme manque, faire exercer des recherches dans la localité où se trouve le détachement ; il prend des renseignements sur les circonstances de sa disparition, de façon à retrouver sa trace, et fait au besoin battre les environs ; à cet effet, il a recours à la gendarmerie du lieu, et, à défaut, aux autorités civiles : maire, garde champêtre (Instr. minist. du 16 février 1847, p. n., p. 731).

Documents à établir. — Si ces recherches demeurent sans résultat, il établit *deux signalements* (mod. III ci-annexé) et les envoie :

Un au général commandant la subdivision de région, ou au commandant d'armes s'il se trouve dans une ville de garnison ;

Un à la brigade de gendarmerie du lieu ou la plus voisine.

Il adresse à son chef de corps *un rapport* indiquant les circonstances de la disparition (lieu, heure, motifs présumés), les recherches déjà faites, les autorités à qui l'homme manquant a été signalé, ainsi que les noms des témoins ; à ce rapport il joint *l'état des effets et armes* emportés.

Cas de délit.

Si un militaire du détachement se rend coupable d'un crime ou d'un délit (1), le commandant du détachement s'assure de sa personne, en employant au besoin la force armée. S'il se trouve dans une ville de garnison, il rend compte aussitôt au commandant d'armes afin que l'homme soit écroué dans une des prisons de la place et mis en subsistance dans un corps ; dans toute autre localité, il remet l'homme entre les mains de la gendarmerie (2) à qui il

---

(1) Les crimes et les délits sont différenciés entre eux *par les peines* qu'ils font encourir et qui peuvent être appliquées par les tribunaux militaires (art. 185 et 186 du Code de justice militaire) : ainsi la vente ou la dissipation d'effets militaires est un délit ; le vol est un crime, à moins de circonstances atténuantes ; les voies de fait envers un supérieur sont un crime dans le service et un délit en dehors du service, etc.

(2) S'il n'y a pas de gendarmerie, c'est à l'autorité civile que le commandant du détachement s'adresse pour mettre le délinquant en lieu sûr en attendant l'arrivée des gendarmes.

délivre une *réquisition* (mod. IV ci-annexé), ainsi que l'état des effets et armes (mod. IX ci-annexé) dont le militaire était détenteur et dont il garde un double (Serv. int., art. 420).

Il établit un rapport sur l'événement et le remet au commandant d'armes, ou l'adresse au général commandant la subdivision s'il n'est pas dans une ville de garnison (art. 85) du Code de justice militaire).

Un double de ce rapport est adressé au chef de corps avec le compte rendu.

Droit de franchise postale.

Les commandants de détachement ont le droit d'expédier en franchise par la poste la *correspondance de service* proprement dite (Ordonn. du 17 novembre 1844, p. n., p. 397, art. 1er), ainsi que les objets assimilés à cette correspondance : rapports, comptes rendus, livrets, pièces à conviction (art. 8).

Les lettres et paquets sont expédiés sous deux bandes croisées dont la largeur ne doit pas excéder le 1/3 de la surface du pli (art. 25.)

La bande porte l'adresse du destinataire et la contre-signature de l'expéditeur au-dessous de la désignation de ses fonctions (art. 13).

En cas de nécessité, la correspondance peut être mise sous enveloppe qui porte, en sus de la contre-signature, la mention « Nécessité de fermer » (art. 23; mod. V ci-annexé).

Les autorités avec lesquelles les chefs de détachement sont autorisés à correspondre par la poste sont les suivantes (tableau 1 du 20 décembre 1878) :

Président du Conseil d'administration ou commandant du corps auquel appartient le détachement ;

Général commandant la subdivision de région dans laquelle se trouve le détachement ;

Officiers de gendarmerie de tout le territoire ;

Commandants des brigades de gendarmerie de tout le territoire ;

Fonctionnaires de l'intendance militaire de la région ;

Médecins chefs de service des hôpitaux militaires de la région ;

Commandants des sous détachements sous les ordres du contre signataire.

Franchise télégraphique.

Le droit de franchise télégraphique implique l'exonération de la taxe et la priorité de transmission (Inst. min. du 27 septembre 1875, art. 1er).

Il ne s'applique qu'aux dépêches officielles urgentes, c'est-à-dire aux communications relatives au service, que la poste ne pourrait transmettre en temps utile (art. 2).

Le chef d'un détachement ne peut correspondre en franchise par le télégraphe, dans les conditions ci dessus, qu'avec son chef de corps (tableau annexé au 27 septembre 1875).

S'il reçoit une dépêche officielle (sur papier jaune) impliquant réponse, il est admis, sur la présentation de cette dépêche, à user du droit de franchise pour la transmission de la réponse, quel qu'en soit le destinataire (art. 8).

Les télégrammes sont libellés en supprimant tous les articles qui ne sont pas nécessaires à la clarté du texte; ils commencent par l'indication du grade, du nom et de la qualité de l'expéditeur, suivis de la désignation du destinataire par son grade et sa fonction, sans le nom, et de l'adresse. Exemple :

« Maréchal des logis X., commandant détachement 7e dragons,
  » à Colonel commandant 7e dragons, Fontainebleau. »

Distributions des denrées.

Toutes les denrées distribuées aux hommes et aux chevaux doivent être examinées et vérifiées, sous le rapport de la qualité et du poids, par le chef de détachement (Serv. int., art. 369).

Par qui effectuées. — En route, toutes les denrées alimentaires pour les hommes (sauf la ration gratuite de sucre et café) sont achetées à l'amiable chez les commerçants de la localité par les soins de l'ordinaire du détachement, à moins que les hommes ne vivent individuellement (V. chap. III, § A, page 20).

Les fourrages sont fournis de la façon suivante :

1° Dans les places de garnison supérieure à 70 chevaux, le foin et l'avoine (il n'est pas perçu de paille en route) sont distribués par la manutention militaire s'il en existe une, ou par l'entrepreneur du service des fourrages, quel que soit le grade du chef de détachement.

Les distributions ont lieu sur la présentation de mandats d'étapes préalablement remplis et signés par le chef de détachement, visés du sous-intendant militaire ou de son suppléant légal et revêtus du reçu de la partie prenante.

2° Dans toutes les autres localités, ils sont achetés directement à des fournisseurs de la localité, dans la limite des prix fixés ou de la mercuriale du pays, quand le chef de détachement est officier. Celui-ci effectue ces payements et en justifie comme il est dit au chap. XIV, page 87.

3° Dans les mêmes localités qu'à l'alinéa 2° ci dessus, si le chef de détachement n'est pas officier, c'est au maire qu'il s'adresse pour obtenir les fourrages nécessaires. Il lui remet en échange soit un mandat d'étapes, s'il lui en a été délivré, soit, à défaut, un bon (mod. II, ci annexé).

Le maire désigne alors un ou plusieurs habitants qui fournissent les quantités demandées, dont ils sont remboursés de la façon suivante :

Les livranciers établissent en deux expéditions une facture décomptée ; ces factures sont certifiées, quant à l'exécution du service et aux prix qui doivent être ceux habituels de la localité, par le maire qui les envoie, avec le mandat d'étapes ou le bon, au sous intendant militaire par l'intermédiaire de qui est délivré aux fournisseurs un mandat sur le Trésor représentant la valeur des fourrages distribués.

Le chef de détachement qui n'est pas officier n'a donc pas à intervenir dans le payement, si ce n'est pour indiquer aux intéressés les formalités à remplir aux fins de remboursement, et qui doivent d'ailleurs être consignées à l'avance sur les mandats ou les bons.

Refus de denrées.

Dans le cas où les denrées mises en distribution par les manutentions militaires, les entrepreneurs ou les fournisseurs accidentels ne sont pas de bonne qualité, le chef de détachement doit s'en faire délivrer de meilleures.

En cas de refus de la part des distributeurs, il en informe le commandant d'armes et le sous intendant militaire dans une ville de garnison, le maire dans les autres localités.

Dans les garnisons, des commissions spéciales pour les vivres et pour les fourrages, désignées en tout temps, examinent les denrées objets du litige et se prononcent sur l'acceptation ou le rejet définitif ; le chef du détachement est tenu de se conformer à leur décision.

Dans les autres localités, les commissions se réunissent sur l'invitation du chef de détachement.

Elles sont composées de la façon suivante :

Président : le chef du détachement.

Membres : { 2 gradés ou cavaliers marchant hiérarchiquement
après lui ;
le maire ou son délégué ;
2 idoines désignés par le maire.

Elles prononcent sur l'admission ou le refus des denrées à la majorité des voix ; en cas de partage, la voix du président est prépondérante (Serv. int., art. 375).

Les denrées refusées sont immédiatement remplacées par l'entrepreneur ou le fournisseur accidentel.

OBSERVATION. — Toutes les fois que des denrées sont procurées à la troupe par voie d'achats, il n'y a pas lieu à formalités pour refuser celles qui ne conviendraient pas : le chef de détachement n'a qu'à acheter à d'autres fournisseurs; mais le mieux est de vérifier la qualité des denrées avant de conclure les achats.

Réquisitions.

Le droit de réquisition ne peut être exercé que sur la portion du territoire et aux époques déterminées par arrêté ministériel publié dans les communes (art. 2 du 2 août 1877).

Il est appliqué pendant les manœuvres de garnison (Inst. du 18 février 1895. T. II, art. 15 modifié) et pendant les manœuvres d'automne (T. III, art. 83).

La faculté d'exercer des réquisitions n'appartient de plein droit qu'aux généraux commandant les rassemblements de troupe, mais le droit de requérir peut être délégué par eux aux officiers commandant des détachements (2 août 1877, art. 4) et, par extension, à tout chef de détachement, quel que soit son grade, susceptible d'opérer isolément (Art. 86 du 18 février 1895).

A cet effet, tous les commandants d'unités aux manœuvres sont munis d'un « carnet d'ordres de réquisition » et d'un « carnet de reçus des prestations fournies ».

En temps de paix, n'est exigible par voie de réquisition que la fourniture des prestations ci-après (Loi du 3 juillet 1877, art. 5) :

1° Le logement et le cantonnement chez l'habitant;

2° La nourriture journalière des officiers et soldats;

3° Les vivres, le chauffage, les fourrages et la paille de couchage;

4° Les moyens d'attelage et de transport y compris le personnel; } pour une durée maximum de

5° Les bateaux ou embarcations. } 24 heures.

En principe, les prestations prévues aux paragraphes 2, 3, 4 et 5 ne doivent être requises que lorsque l'on ne peut se les procurer autrement (Art. 83 du 18 février 1895). On ne doit donc user de la réquisition, pour se procurer les denrées nécessaires à l'alimentation, que lorsqu'on ne peut les acheter, soit pour manque de fonds (notamment pour les détachements qui ne sont pas commandés par un officier), soit parce que les prix demandés par les fournisseurs dépassent la limite de ceux fixés par l'administration militaire.

Exécution des réquisitions.

Dans les cas spécifiés au chapitre V précédent, § C, lorqu'un détachement doit subsister au moyen de réquisitions, le commandant de l'unité remet à son chef des imprimés d'ordres et de reçus de réquisition qu'il détache de son carnet à souches.

Les *ordres* sont *remplis et signés d'avance* (Serv. en campagne, art. 101) par cet officier au point de vue des quantités à requérir, à raison d'*un par journée* d'absence présumée, ou, s'il est fait usage de la nourriture chez l'habitant, à raison d'*un par repas* (demi-journée de nourriture) devant être pris au dehors.

Les ordres de réquisition doivent indiquer exactement, en toutes lettres, le nombre et la quotité des rations réglementaires requises.

Les *reçus* sont également remplis et signés à l'avance; il en faut *trois* pour *un seul ordre* de réquisition, comprenant séparément le pain, la viande et les fourrages; *deux* reçus suffisent quand on perçoit les demi-journées de nourriture.

Les réquisitions sont toujours adressées au maire de la commune ou à son suppléant légal. Le chef de détachement lui remet l'ordre de réquisition (après l'avoir complété ainsi que les reçus, par l'indication de la commune), perçoit les denrées et délivre en échange les reçus des quantités perçues.

Si des modifications sont survenues dans l'effectif de son détachement, il rectifie les reçus en conséquence en approuvant les ratures.

A la rentrée, il rend compte au commandant de son unité des perceptions qu'il a effectuées et du lieu où elles l'ont été; il lui rend les ordres et les reçus qu'il n'aurait pas utilisés afin qu'ils soient oblitérés et annexés aux carnets.

CHAPITRE VII

RELATIONS DES CHEFS DE DÉTACHEMENTS AVEC LES AUTORITÉS

Chef de corps.

Pour ce qui a trait à l'instruction, à la discipline *intérieure*, au personnel et à l'administration, les détachements relèvent du chef de corps (Instr. du 28 juin 1894 sur le service courant, § 111). C'est donc à lui que les commandants des divers détachements doivent adresser leurs comptes rendus, et il ne doit pas se passer un seul fait important sans que le colonel n'en soit immédiatement informé.

Les comptes rendus sont adressés à des dates fixées avant le départ (par ex. : tous les cinq jours), et particulièrement lors de l'arrivée à destination, de la mise en route pour le retour, ou après l'accomplissement d'une mission.

Ils portent principalement sur les points suivants :

Situation de l'effectif, hommes et chevaux ;

Mutations survenues ;

Punitions infligées ;

État sanitaire : hommes et chevaux ;

Conditions dans lesquelles s'effectue la route ;

Qualité des denrées de consommation ;

État de conservation des effets de toute nature.

Les événements importants ou imprévus sont toujours signalés par des rapports spéciaux adressés sur-le-champ (Serv. int., art. 427).

Généraux commandant les subdivisions de région.

Au point de vue de la discipline *générale*, du service et des mesures d'ordre public, les détachements sont, comme les autres troupes, placés sous l'autorité des généraux commandant les « subdivisions de région » (1) sur le territoire desquelles ils se trouvent (Service courant, § 111).

----

(1) Le territoire de la France est divisé en 18 régions, occupées chacune par un corps d'armée (loi du 24 juillet 1873). Les régions sont commandées

Les commandants de détachements doivent donc adresser à ces généraux leurs comptes rendus ou leurs rapports toutes les fois qu'il survient, ailleurs que dans une ville de garnison, un des cas ci-après :

Hommes malades laissés en route ;

Hommes entrés aux hôpitaux ;

Hommes décédés ;

Hommes manquant aux appels ;

Crimes ou délits commis par des militaires ou au préjudice de militaires du détachement ;

Chevaux indisponibles laissés en route ;

Chevaux morts ou abattus ;

Accidents graves ;

Plaintes diverses.

Commandants d'armes.

Tout détachement de passage dans une garnison est soumis à l'autorité du commandant d'armes pour ce qui a trait au service ou à la police générale de la garnison (Serv. places, art. 32).

A son arrivée dans la place, le commandant du détachement doit se présenter seul, en tenue de route, chez le commandant d'armes (Serv. places, art. 25), à qui il remet une situation d'effectif de sa troupe (art. 31) ; il en reçoit les ordres et les consignes particuliers à la place ; il ne doit pas omettre de lui demander qu'un médecin et un vétérinaire de la garnison soient désignés

par les généraux commandant les corps d'armée (Décret du 10 août 1874).

Chacune des 18 régions comprend 8 subdivisions de région (Décret du 6 août 1874) qui sont réunies deux par deux sous le commandement des généraux de brigade d'infanterie du corps d'armée (loi du 13 mars 1875, art. 18). Par exception, certaines subdivisions sont commandées par des généraux de brigade de cavalerie (ce sont les subdivisions de : Meaux et Coulommiers, général à Meaux ; Fontainebleau et Sens, général à Fontainebleau ; Évreux et Bernay, général à Évreux ; Alençon et Argentan, général à Alençon ; Roanne et Montluçon, général à Moulins, et la subdivision de Troyes, général à Épernay), ou par des généraux gouverneurs de places fortes.

Les territoires des départements de la Seine et de Seine-et-Oise sont commandés par des généraux de brigade ayant pour titre : « Général commandant le département de la Seine » à Paris ; « Général commandant le département de Seine-et-Oise » à Versailles.

Le département du Rhône est commandé par le « général de brigade adjoint au commandant supérieur de la défense de Lyon » à Lyon.

pour passer la visite du détachement, même s'il n'existe ni malades ni indisponibles.

Si des hommes malades ne peuvent plus continuer la route d'après l'avis du médecin, c'est par l'intermédiaire du commandant d'armes qu'ils sont admis à l'hôpital du lieu, ou placés en subsistance dans un des corps de la garnison ; les chevaux ne pouvant suivre sont placés en subsistance avec le cavalier chargé de les soigner.

Les hommes manquant aux appels de la journée ou au départ du détachement sont signalés au commandant d'armes, qui les fait rechercher.

Un détachement qui séjourne dans une place ne contribue pas au service, à moins que son séjour ne se prolonge au delà de deux jours (Serv. places, art. 159).

Les rapports et comptes rendus énumérés à l'article précédent sont adressés au commandant d'armes, qui sert d'intermédiaire entre le chef de détachement et le général commandant la subdivision.

En cas de mise en distribution par les magasins administratifs de fourrages de mauvaise qualité, il en est aussitôt rendu compte au commandant d'armes.

Gendarmerie.

La gendarmerie est chargée d'exercer une surveillance sur les troupes en marche (Décret du 1er mars 1854, art. 126 et 352). Il est donc utile que les chefs de détachements se mettent en relations avec les commandants des brigades de gendarmerie toutes les fois qu'ils le peuvent.

Dans les gîtes d'étapes où il existe une brigade de gendarmerie, le chef de brigade doit assister le commandant du détachement dans la reconnaissance des denrées fourragères.

Dans les résidences traversées par des troupes, le chef de brigade, ou, s'il est absent, le gendarme de planton, doit se présenter au chef de la colonne et se mettre à sa disposition. (M. D., art. 354, modifié le 3 juillet 1897.)

Aucun militaire ne peut être remis à la gendarmerie *pour être conduit sous son escorte*, sans un ordre écrit du général commandant la subdivision (art. 354.)

Cependant dans les cas graves (crimes ou délits), les militaires peuvent être remis entre les mains de la gendarmerie sur réquisition du chef de détachement (modèle IV ci-annexé) ; il en est aussitôt rendu compte au général commandant la subdivision de région (Serv. int., art. 420).

Dans les cas d'accidents graves, de décès, de mort de chevaux, de détérioration d'effets par cas de force majeure, de conflit avec une municipalité ou des habitants, de délits ou de crimes commis dans le détachement, le chef de ce dernier a recours à la gendarmerie pour faire constater les faits et en dresser procès-verbal.

Il avise également la gendarmerie de l'absence illégale des militaires au moyen d'un « signalement de recherches » (mod. III ci-annexé).

Sous-intendances.

La surveillance administrative d'un détachement en route est exercée par le sous-intendant militaire qui a cette attribution vis-à-vis du corps auquel appartient le détachement.

Cette surveillance s'exerce au point de vue de la vérification et de la régularisation des pièces comptables, des allocations et des perceptions effectuées par le détachement.

Pendant la route, la sous-intendance locale est chargée de pourvoir aux besoins des détachements en ce qui concerne :

Le service des convois et des transports (délivrance des bons de convoi, des ordres de transport pour le matériel et des bons de chemin de fer) ;

Le service de marche (feuilles de route, visa d'arrivée) ;

Le service des vivres et des fourrages (délivrance des mandats d'étapes, visa pour autorisations de distributions, cas de refus des denrées) ;

La constatation des pertes, des détériorations et des accidents.

C'est donc aux sous-intendants militaires des lieux de passage que les chefs de détachement doivent s'adresser pour tous leurs besoins en ce qui concerne ces services.

Dans les places où il n'y a pas de fonctionnaire de l'intendance, les fonctions en sont remplies par un *suppléant militaire* qui est le major de la garnison, ou un capitaine là où l'emploi de major de la garnison n'existe pas. Dans les lieux dépourvus de garnison, c'est le *maire* qui remplit les fonctions de suppléant du sous-intendant militaire (Décret du 10 février 1890, art. 15).

Maires.

En leur qualité de suppléants du sous-intendant militaire, les maires sont chargés :

1° D'assurer la fourniture des prestations en nature dues aux troupes de passage ;

2° De pourvoir à l'hospitalisation des militaires malades ;

3° De délivrer des sauf conduits (tenant lieu de feuille de route). Ces sauf-conduits ne sont valables que jusqu'à la plus prochaine résidence d'un sous-intendant ou d'un suppléant *militaire;*

4° De constater par des procès-verbaux (toujours soumis à l'homologation du sous-intendant militaire) les pertes, détériorations ou accidents qui leur sont signalés (D. du 10 février 1890, art. 17);

5° De viser les feuilles de route.

En leur qualité de maires, ils sont tenus de fournir :

1° Le logement ou le cantonnement aux troupes de passage. (Loi du 3 juillet 1877 sur les réquisitions, art. 11);

2° Les moyens de transport portés sur les bons de convoi (art. 5) ;

3° De requérir les médecins ou vétérinaires pour les soins à donner aux hommes ou aux chevaux, sur l'invitation qui leur en est faite par les commandants de détachements (Instr. du 2 août 1877, art. 21);

4° De constater les dégâts signalés par les habitants, de concert avec les commandants de détachements (2 août 1877, art. 28);

5° De délivrer des certificats de bien-vivre, s'il y a lieu, aux troupes ayant séjourné dans la commune (Serv. places, art. 162).

Les maires sont, en outre, officiers de police, et, comme tels, ils ont qualité pour constater les contraventions ou délits et les cas de mort violente (Code d'instruction criminelle).

Formes à observer.

Dans ses relations avec les autorités *militaires,* tout chef de détachement doit apporter la déférence et le respect dus à tout supérieur; la correspondance est rédigée suivant les formes prescrites par le règlement sur le Service intérieur; art. 228 et modèles XVIII et XIX annexés à ce règlement.

Vis-à-vis des autorités civiles, il ne doit jamais se départir de la plus grande courtoisie; même en cas de conflit, il fait valoir ses droits avec fermeté, mais sans emportement et en n'employant que des termes polis et convenables. Agir autrement serait compromettre la dignité de l'uniforme, s'exposer à se mettre dans son tort, et aurait pour résultat, outre la répression disciplinaire

encourue par le chef de détachement, de priver la troupe du concours bienveillant et désintéressé que lui apportent le plus souvent les autorités civiles.

La correspondance avec ces dernières doit être rédigée dans
des termes polis et courtois; elle est toujours suivie d'une formule
de politesse.

CHAPITRE VIII

MISE EN SUBSISTANCE

Un détachement qui n'a pas une administration propre, distincte de celle de l'unité à laquelle il appartient, peut toujours
être mis en entier en subsistance dans un autre corps de troupe,
si les allocations auxquelles il a droit lui sont faites au titre de
la solde, soit qu'il séjourne en station, qu'il marche par étapes
ou qu'il prenne part à des manœuvres.

Si les hommes sont payés au titre de l'indemnité de route, ils
ne sont pas mis en subsistance, mais leurs chevaux peuvent
l'être.

Cas où elle doit être évitée.

En raison de la complication d'écritures qu'elle entraîne, on
doit toujours éviter la mise en subsistance des détachements qui
ont la possibilité matérielle de se suffire à eux-mêmes, *principalement en manœuvres*, où la mise en nourriture est toujours préférable, surtout pour les chevaux des cavaliers détachés auxquels
l'indemnité exceptionnelle de route est allouée (V. chap. 5, § C,
page 37).

La gendarmerie ne reçoit pas de subsistants des corps de
troupe (Régl. du 30 décembre 1892, p° 31).

Cas où elle est obligatoire.

Les détachements d'hommes en mission temporaire sont toujours placés en subsistance quand ils doivent séjourner dans la
place où ils accomplissent leur mission; il en est de même des
gradés en conduite de détachements d'hommes et des hommes

malades laissés en route sans entrer à l'hôpital ; les chevaux indisponibles ne pouvant suivre, et les cavaliers chargés de les soigner, sont placés en subsistance quand il existe un corps de troupe dans la localité où ils sont laissés (Circ. minist. du 29 août 1831, r. n., p. 579).

Par qui ordonnée.

La mise en subsistance est ordonnée par les commandants d'armes, quel que soit leur grade (Note minist. du 24 octobre 1887, r. n., p. 318), ou par les directeurs de manœuvres, au moyen d'états (modèle du 26 juillet 1880, r. n., p. 196).

Allocations aux hommes.

Les hommes placés en subsistance dans un autre corps ont droit à la solde attribuée aux militaires de ce corps (D. du 29 mai 1890, t. 1, p⁰⁰ 39) ; ils ne perçoivent plus les allocations en marche si ce corps n'est lui-même en mouvement.

Allocations aux chevaux.

Les chevaux mis en subsistance dans un autre corps continuent à recevoir la ration de fourrages de leur corps d'origine (D. 29 mai 1890, t. 6, p⁰⁰ 7).

Chevaux des officiers sans troupe.

Les chevaux des officiers généraux et sans troupe (officiers d'ordonnance, d'état-major, ou des services particuliers) ne peuvent pas être placés en subsistance complète dans les corps, et leurs fourrages sont toujours perçus au nom de ces officiers sur bons ou mandats d'étapes spéciaux ; ils ne peuvent donc qu'être mis en *nourriture* dans le corps ou détachement chargé exceptionnellement d'assurer leurs distributions, et *en ferrure* (pour les chevaux détenus à l'abonnement ou à titre gratuit seulement) si le détachement possède un ouvrier maréchal ferrant (Régl. du 9 janvier 1896).

———

CHAPITRE IX

HYGIÈNE DES HOMMES ET DES CHEVAUX

L'observation des règles de l'hygiène est un des meilleurs moyens de maintenir les hommes et les chevaux en bonne santé; c'est le premier des remèdes préventifs, en ce qu'il permet d'éviter bien des causes de maladie et d'indisponibilité; aussi un chef de détachement ne saurait-il y apporter trop d'attention.

Effets.

Tout d'abord, avant le départ, il aura dû vérifier soigneusement l'ajustage des effets de toute nature, pour s'assurer qu'ils ne gênent pas ceux qui les portent et ne peuvent les blesser; il tient ensuite la main à ce qu'ils soient bien entretenus et souvent nettoyés.

Propreté.

Il exige de ses hommes la plus grande propreté corporelle et les oblige à souvent changer de linge.

Alimentation des hommes.

Il doit empêcher les hommes de se livrer à des excès qui compromettraient leur santé; il prohibe l'usage de l'alcool, des fruits peu mûrs, et leur interdit de boire frais en ayant chaud. Il se renseigne sur la qualité de l'eau dans les cantonnements et leur indique les fontaines où ils peuvent puiser pour boire.

Il vérifie la qualité des aliments qui leur sont distribués et surveille de près la façon dont ils se nourrissent : les hommes doivent faire deux repas principaux par jour, comprenant de la *viande*, du *pain* et des *légumes*; l'un des deux au moins comporte *une soupe*; le matin, avant de partir, ils prennent *le café*, car ils ne doivent jamais se mettre en route à jeun.

Logement.

Les chambres où sont logés les hommes doivent être convenables. Il est dû pour 2 brigadiers ou cavaliers, et autant que possible pour chaque maréchal des logis, un lit garni d'une paillasse, d'un matelas, d'une couverture de laine, d'un traversin et d'une paire de draps propres. Chaque adjudant, maréchal des logis chef et trompette-major a droit à un lit (D. du 2 août 1877, art. 23, et Serv. int., art. 115).

Pansage.

L'hygiène, pour le cheval, se résume dans la propreté de la peau ; aussi le pansage, loin d'être négligé en route, doit-il continuer à être fait avec le plus grand soin. Le chef de détachement en surveille tout particulièrement les résultats en s'assurant que les poils et les crins ne recèlent ni crasse ni poussière.

Les chevaux sont passés à l'eau toutes les fois que cela est possible ; on a soin de sécher ensuite les paturons afin d'éviter les crevasses.

Arrivés à l'étape, les chevaux doivent être dessellés, bouchonnés et épongés ; l'emplacement de la selle, sur le dos, est tapoté avec les mains, massé même pour ramener la circulation du sang et séché avec soin (on doit se garder de le laver à grande eau ou même de l'éponger) ; puis le cheval est couvert et rentré à l'écurie.

Les dos sont surveillés de très près : la visite en est passée chaque jour après le pansage par le chef de détachement, qui voit en même temps si chaque cheval est bien propre, examine les pieds et vérifie si la ferrure est en bon état.

Alimentation des chevaux.

Les fourrages perçus ou achetés doivent être de très bonne qualité. Les chevaux font deux repas par jour dont le plus copieux est celui du soir : après le bouchonnage de l'arrivée, si les chevaux n'ont pas trop chaud, on les fait boire modérément en coupant l'eau et on leur donne l'avoine du sac (2 kilos) ; 1k,50 de foin leur est ensuite donné quand la distribution est faite ; le soir, on leur distribue 3k,50 d'avoine et 1k,50 de foin.

Les surplus de la ration : 2 kilos d'avoine sont replacés dans le paquetage, et 0k,50 de foin sont mis de côté pour être mangés le matin avant le départ.

En route, il n'est pas perçu de paille, mais les écuries doivent en être garnies.

Abreuvoirs.

La qualité de l'eau a autant d'importance pour les animaux que pour les hommes. En vue d'éviter qu'ils ne boivent de l'eau contaminée et contractent les germes de maladies infectieuses, il est recommandé aux chefs de détachements de faire boire leurs chevaux dans les cours d'eau ou ruisseaux voisins des cantonnements, s'il en existe, de préférence aux abreuvoirs de la localité. Si l'on est forcé de recourir aux abreuvoirs, on doit les faire vider et nettoyer avant d'y conduire les chevaux (Note minist. du 25 mars 1896, v. n., p. 325).

L'eau doit avoir été aérée avant d'être bue.

Écuries.

Il ne faut accepter, pour loger les chevaux, que les écuries claires, bien aérées, sans courants d'air. Elles doivent être nettoyées dans toutes leurs parties, principalement les mangeoires et les râteliers; les clous ou crochets en saillie, qui pourraient blesser les chevaux, sont enlevés, mais en évitant les dégradations; elles doivent être garnies d'une bonne litière.

Si d'autres animaux occupent la même écurie, on évite que les chevaux soient en contact avec eux.

Les chevaux méchants ou qui tapent sont isolés; on prévient les propriétaires afin d'éviter les accidents.

Un hangar bien abrité vaudra toujours mieux qu'une mauvaise écurie, surtout en été, et les granges sont souvent les meilleurs emplacements pour loger les chevaux.

L'intervalle occupé par un cheval est au minimum de 1m,166 (Régl. du 20 juillet 1824).

CHAPITRE X

SERVICE SANITAIRE

En route, le chef de détachement est le premier médecin de ses hommes; il doit être à même de pouvoir soigner leurs blessures et les indispositions légères qu'ils pourraient avoir, de leur faire un pansement préventif et de les soulager en attendant l'arrivée d'un médecin.

Médicaments.

A cet effet, il doit être pourvu avant le départ des objets de pansement et des médicaments ci-après, qui lui sont remis par le médecin-major :

Pour les pansements :
- compresses de gaze,
- taffetas imperméable,
- coton hydrophyle,
- bandes en toile,
- épingles,
- acide phénique (25 gr. pour 1 litre d'eau),
- acide borique (30 gr. pour 1 litre d'eau);

Pour soins médicaux :
- thé,
- opium en pilules,
- bismuth en paquets de 4 gr.,
- ammoniaque,
- éther.

L'approvisionnement de ces différentes substances est proportionné à l'effectif du détachement et à la durée de l'absence; il est remis en même temps une notice médicale indiquant la manière de se servir de ces objets et médicaments dans les différents cas (V. p. 103 ci-après).

Recours à un médecin.

Si l'état du malade nécessite les soins d'un médecin, ailleurs que dans une ville de garnison, le chef de détachement s'adresse au maire qui requiert un médecin civil (Serv. int., art. 416).

Si celui-ci reconnaît que l'homme ne peut continuer la route, il le fait entrer à l'hôpital du lieu, et, s'il n'en existe pas, il le fait diriger sur l'hôpital le plus voisin; le transport a lieu de la façon suivante :

Transport des hommes malades.

Plusieurs moyens peuvent être employés pour évacuer les malades soit sur un hôpital voisin, soit sur le lieu de garnison du régiment (1) :

---

(1) Cette dernière destination est donnée aux malades quand le détachement n'est pas sensiblement plus éloigné de la garnison que de l'hôpital le plus voisin, et aussi en cas de manœuvres quand elles ont lieu à proximité. Si l'homme ne doit pas être hospitalisé, il n'est pas établi de billet d'hôpital.

1° Par chemin de fer, s'il existe une ligne ferrée reliant les deux localités;

2° Par diligence, si une voiture publique fait le service entre les deux points;

3° Par convoi spécial, dans toutes les autres circonstances.

En chemin de fer. — Pour l'évacuation en chemin de fer, le chef de détachement établit une réquisition tenant lieu de « bon de chemin de fer » (mod. VI ci annexé), qu'il remet à l'homme avec un sauf conduit (1) délivré par le maire de la localité et le billet d'hôpital, ou, à défaut, un certificat de visite établi par le médecin.

Si le malade a besoin d'être accompagné, un cavalier est désigné à cet effet et il lui est remis un sauf conduit et une réquisition; ce dernier, après avoir conduit son camarade à l'hôpital, se présente à la sous-intendance du lieu afin d'être remis en route pour rejoindre le détachement.

En diligence. — Bien que les maires n'aient pas qualité pour allouer l'indemnité kilométrique en diligence, il est fait usage des voitures publiques toutes les fois que cela est possible (Règl. du 27 février 1894, art. 3, renvoi 1). Dans ce cas il est opéré comme il est dit ci-après :

Par convoi. — Pour faire transporter un militaire malade par voiture spéciale ou par diligence, le maire délivre, outre le sauf-conduit, un bon de convoi portant au dos le certificat de visite du médecin qui a établi le billet d'hôpital, s'il y a lieu.

L'homme est ainsi transporté *sans que le chef de détachement ait à intervenir* dans la fourniture de la voiture, ni dans la question de prix à débattre, non plus que dans le règlement de ce prix (V. chap. XIV, page 85), le maire étant chargé de faire tout le nécessaire (27 février 1894, art. 11), mais il doit veiller à ce que la voiture fournie présente les garanties de confort que réclame la situation du malade : cette voiture doit être suspendue, couverte, munie de banquettes et garnie de paille dans les temps froids; une couverture est en outre fournie par le voiturier (27 février 1894, art. 4, renvoi 1).

(1) Si le détachement fait partie de manœuvres auxquelles prend part tout le régiment, l'officier payeur délivre une *feuille de route*; il est alors inutile de demander un sauf conduit au maire. La délivrance de la feuille de route entraîne le payement par l'officier payeur de l'indemnité journalière de route exclusive de la solde, si toutefois la distance à franchir est au moins d'*une étape* (de gîte à gîte), ou supérieure à 24 kilomètres; l'indemnité kilométrique n'est jamais allouée, les bons de chemin de fer ou de convoi en tiennent lieu.

OBSERVATIONS. — Naturellement le mode de transport par voiture spéciale est plus onéreux pour l'État que par chemin de fer ou en diligence, c'est pourquoi ces deux derniers moyens sont employés de préférence au premier qui est cependant de rigueur en cas de *maladie contagieuse*.

De ce qui précède, il résulte que les chefs de détachements, ainsi que les maires, ne peuvent rien payer ou allouer pour frais de route (indemnité journalière et indemnité kilométrique) aux hommes malades qu'ils font évacuer; les frais de transport sont assurés par les « bons de chemin de fer » ou de « convoi », et il est pourvu à la subsistance de ces hommes au moyen de la solde et des vivres remis par le chef de détachement pour la journée entière en cas d'évacuation sur la garnison ou d'entrée à l'hôpital dans la soirée, ou pour la demi-journée (solde entière et demi-vivres seulement) si l'entrée doit avoir lieu après le repas du matin (Voir le chap. IV, page 24).

Le payement de ces allocations est mentionné sur le « sauf-conduit » et dans les mutations à porter.

L'homme qui entre à l'hôpital emporte avec lui ses effets et ses armes, dont le détail est inscrit sur le « billet d'entrée » (règl. du 30 août 1884, art. 96). Il en est de même pour celui qui réintègre la garnison.

Malade non transportable.

Dans le cas où le malade ne serait pas transportable, le maire est tenu de le faire soigner par réquisition (1) dans une maison particulière (D. 2 août 1877, art. 21) jusqu'à ce qu'il puisse être évacué comme il est dit ci-dessus. Le chef de détachement avise de ce fait la gendarmerie locale et les autres autorités; il remet au maire un inventaire des effets et armes laissés avec l'homme dont il emporte un double portant reçu (modèle XI ci-annexé).

---

(1) « Par réquisition » ne veut pas dire gratuitement : l'habitant est remboursé de ses frais et le médecin traitant payé de ses honoraires, à la diligence du maire et par les soins du sous-intendant militaire de l'arrondissement administratif, à qui il est adressé, aussitôt après l'évacuation du malade, toutes les pièces justificatives des dépenses effectuées.

L'homme ainsi traité est considéré comme à l'hôpital et il ne lui est plus fait aucune allocation au titre du corps; le chef de détachement n'a donc plus rien à lui payer à partir du moment où il le confie aux soins de la municipalité. Il le porte en mutation et le raye de l'effectif des présents.

Cas d'accident.

Si, par suite de maladie ou d'accident grave, un militaire se trouve en danger de mort, le chef de détachement prévient aussitôt la famille par dépêche privée (mod. VIII ci-annexé). Il est remboursé de cette dépe: comme il est dit au chapitre XIV (p. 86).

Les blessures sérieuses, dont pourraient être atteints *dans le service* les hommes faisant partie d'un détachement, sont constatées séance tenante par un « certificat d'origine de blessures », établi en deux expéditions et signé par trois témoins. Le médecin chargé de soigner le malade remplit la partie médicale du certificat qui est envoyé au conseil d'administration du régiment.

Cas de décès.

Quand un militaire vient à décéder sans avoir pu être admis à l'hôpital, le chef de détachement rend compte aussitôt au commandant d'armes, ou, à défaut, prévient le maire pour qu'un *médecin* militaire ou civil vienne procéder à la constatation du décès.

Il expédie un *avis télégraphique* (modèle VII ci-annexé) pour que la famille du décédé soit prévenue sans délai.

Il envoie en outre à son chef de corps un *télégramme officiel* pour lui rendre compte du décès.

Puis il établit, en présence de deux témoins, l'*inventaire des effets* (mod. XI ci-annexé) du décédé, sur lequel les objets et valeurs lui appartenant en propre sont soigneusement mentionnés.

Il se rend ensuite à la mairie, accompagné de deux témoins pris dans le détachement, pour *déclarer le décès* à l'officier de l'état civil.

FORMALITÉS. — Les autres formalités à remplir sont différentes suivant que le corps du décédé est ou non déposé dans un hôpital :

1° *S'il y a un hôpital* ou un hospice dans la localité où est survenu le décès, ou à proximité, le médecin y fait admettre le corps à titre de dépôt au moyen d'un « certificat » (mod. 16 *bis* du service de santé) que contresigne le chef de détachement. Cet établissement demeure chargé *de liquider la succession* du décédé (1), et d'adresser au Ministre, par l'intermédiaire du

_____

(1) Il est laissé au comptable de l'hôpital, avec les effets de l'homme, une expédition de l'inventaire. Ce comptable donne reçu sur la seconde expédition qui est conservée par le chef de détachement.

directeur du service de santé de la région, l' « extrait » du registre des actes de décès. (Service de santé, art. 66, 283, 290, 294 et
453 modifiés.)

Le médecin qui a constaté le décès remet au chef de détachement *un rapport* que celui-ci adresse à son chef de corps pour
être transmis au Ministre de la guerre par la voie hiérarchique.
(Service de santé, art. 66.)

2° *S'il n'y a ni hôpital ni hospice*, le corps est déposé dans un
local convenable désigné par les soins du maire.

Le chef de détachement se fait alors délivrer, par l'officier de
l'état civil, un *extrait de l'acte de décès* qu'il envoie à son chef de
corps avec le *rapport du médecin* pour être transmis au Ministre
avec cette dernière pièce. (Art 66.)

Le conseil d'administration du corps est alors chargé de
liquider la succession (art. 66) en se conformant aux dispositions
des articles 453 et suivants du service de santé modifié.

Dans le cas de non admission à l'hôpital, le chef de détachement avise du décès la *gendarmerie* du lieu ou la plus voisine, et
rend compte au *général commandant la subdivision* en lui indiquant les causes du décès. (Service de santé, art. 283.)

Mort violente.

Quand il y a indice de mort violente (suicide, assassinat, accident), l'enlèvement du corps est retardé jusqu'à ce qu'un officier
de police judiciaire, assisté d'un médecin, ait fait les constatations
légales (Serv. de santé, art. 66 et 286).

Sur la déclaration de décès il n'est jamais fait mention de la
cause de la mort violente (art. 85 du Code civil).

Il est rempli par le chef de détachement les mêmes formalités
que dans les cas précédents. Aux pièces adressées au chef de
corps est jointe une copie du *procès-verbal* dressé par l'officier de
police judiciaire.

Inhumation.

Lorsque le corps du décédé a pu être déposé dans un hôpital,
l'inhumation est faite par les soins de cet établissement (Serv. de
santé, art. 293 et 294). S'il n'y a pas d'hôpital, c'est la municipalité qui en est chargée.

(Pour le payement des frais, voir le chapitre XIV, page 89).

Sauf le cas de suicide, le chef du détachement fait tout son
possible pour assister à l'enterrement ou s'y faire représenter.

Effets des décédés.

Les effets militaires et les armes de l'homme décédé sont renvoyés au corps par les soins de l'hôpital où il a été admis; cet établissement fait le nécessaire près du sous-intendant militaire pour se faire délivrer un « ordre de transport ».

Ceux du décédé, non admis à l'hôpital, sont expédiés au corps par les soins de la gendarmerie, à qui ils sont remis accompagnés d'un inventaire (1) portant reçu, dont le double est conservé par le chef de détachement pour sa décharge (Voir le mod. XI ci-annexé).

Si le détachement est pourvu de moyens de transport, les effets et armes sont emportés par lui (2).

Quand le décès a eu lieu par suite de maladie contagieuse et épidémique, les *effets* sont incinérés sur place par les soins de la gendarmerie, qui dresse un procès-verbal et en envoie une copie au corps par l'intermédiaire du sous-intendant militaire (Décret du 24 février 1896 et Serv. de l'habillement, art. 63).

CHAPITRE XI

SERVICE VÉTÉRINAIRE

Plus encore que pour les hommes, qui peuvent avertir de leurs indispositions et se faire soigner eux-mêmes, le chef d'un détachement doit veiller attentivement à l'état de santé et d'entretien de ses chevaux. C'est à une surveillance continue tout autant qu'à l'observation des mesures préventives indiquées au chapitre IX (page 66) qu'il devra d'éviter bien des causes d'indisponibilité.

Il est bon, en outre, qu'il connaisse les soins élémentaires à

---

(1) L'argent et les objets qui sont la propriété personnelle du militaire décédé sont portés sur cet inventaire, dans une catégorie spéciale, et envoyés au corps pour être remis aux héritiers.

(2) Dans ce cas, l'inventaire des effets militaires, armes, argent et objets particuliers du décédé est aussi établi, en présence de deux témoins pris dans le détachement et certifié par eux

donner aux chevaux, afin que leurs indisponibilités légères ne puissent s'aggraver et les mettre hors d'état d'être montés.

Médicaments

Il est muni, avant le départ, par les soins du vétérinaire chef de service, des médicaments ci-après :

Médicaments.	Acétate de plomb solique	à verser dans l'eau jusqu'à teinte blan- che très faible.	Objets à pansement.	Ouate.
	Crésyl..................			Toile.
	Iodoforme.			Ruban de fil.
	Vaseline boriquée.			Fil à pansement.
	Alcool à 95°.			Épingles.
	Goudron.			
	Liqueur de Villate.			
	Teinture d'opium.			

Chevaux indisponibles.

Tout cheval indisponible, mais pouvant marcher, fait la route au pas, monté ou non, suivant la nature de l'indisponibilité; le chef de détachement en est seul juge, de même qu'il peut aussi le faire décharger de tout ou partie des effets qui sont alors répartis sur les autres chevaux, à moins qu'il ne soit doté d'une voiture pour y placer la selle.

Recours à un vétérinaire.

Si la cause, la durée ou l'aggravation de l'indisponibilité l'exigent, le chef de détachement ne doit pas hésiter à avoir recours à un vétérinaire.

Dans une ville de garnison, le concours des vétérinaires militaires lui est toujours acquis, il n'a qu'à en faire la demande au commandant d'armes; dans les autres lieux, il s'adresse au maire qui requiert un vétérinaire civil. Dans ce dernier cas, il certifie par écrit, sur les mémoires qu'établit le vétérinaire civil, l'exécution du service fait, pour lui permettre de poursuivre le remboursement de ses honoraires et frais de médicaments (Voir le chap. XIV, page 86).

Chevaux laissés en route.

A défaut d'un corps de troupe pour prendre en subsistance les chevaux ne pouvant suivre, ceux-ci sont confiés à la brigade de gendarmerie du lieu ou la plus voisine, à qui est remis le livret matricule du cheval, ou, à défaut, un état signalétique (mod. X ci-annexé) portant inventaire des effets de harnachement laissés. Un cavalier est détaché pour panser ces chevaux ; il garde ses effets et ses armes, dont le détail doit être indiqué sur son livret individuel.

Si un cheval est hors d'état de marcher et qu'il n'y ait pas de gendarmerie dans la localité, le livret matricule ou l'état signalétique est remis au maire qui assure son logement et les soins du vétérinaire, en attendant que le cheval soit en état d'être conduit à la gendarmerie voisine ou renvoyé au régiment (Service intérieur, art. 417). Le chef de détachement avise la gendarmerie, rend compte au chef de corps et au général commandant la subdivision.

Nourriture des chevaux laissés en route.

Quand le cheval laissé en arrière n'est pas placé en subsistance dans un corps, il est nourri *au titre du régiment*. A cet effet, le chef de détachement indique, par écrit, au cavalier, les quantités de fourrages qu'il devra percevoir par jour (taux de la ration en station, tableaux H ou K) ; il remet au brigadier de gendarmerie ou au maire quelques imprimés de « bons » (mod. H ci-annexé) pour être remplis et signés par le cavalier avant son départ, ou en fin de mois, s'il n'est pas parti à l'expiration du mois en cours.

Allocations aux hommes chargés de les soigner.

La nourriture des hommes non placés en subsistance est assurée au moyen de « l'indemnité journalière exceptionnelle » de 2 fr. 50 qui leur est payée au titre des frais de route (Note ministérielle du 30 septembre 1882, r. n., p. 189). Si cette indemnité *est déjà allouée* au détachement, le commandant remet au brigadier de gendarmerie ou au maire, pour être payé chaque jour au cavalier, le montant des indemnités qu'il a touchées pour lui et qu'il ne lui a pas encore distribuées ; il mentionne la somme remise sur un « certificat de paiement » (1) (mod. IX ci-annexé), qu'il laisse

---

(1) Pendant les manœuvres, il est délivré une *feuille de route*, et non un certificat, par les soins de l'officier-payeur, qui alloue à l'homme *l'indemnité exceptionnelle* pour le nombre présumé de journées de stationnement du cheval.

Si cette provision est insuffisante, il y est suppléé à la diligence de l'autorité (maire ou gendarmerie) à qui est confié le cheval, laquelle adresse au sous-intendant militaire une demande de mandat. Si elle est trop forte, le

entre les mains de l'autorité à qui l'homme et le cheval sont confiés et se fait donner un reçu de ladite somme.

Quand le détachement reçoit les allocations ordinaires au titre de « la solde », le chef de détachement n'a rien à payer pour l'homme à partir du jour où il le laisse, mais il prévient la gendarmerie ou le maire de faire le nécessaire près de la sous-intendance pour faire ordonnancer au cavalier l'indemnité exceptionnelle à laquelle il a droit à partir de ce même jour.

Dans son rendu compte au général commandant la subdivision, il a soin de signaler le nombre de journées pour lesquelles l'indemnité est assurée au cavalier, ou si elle est à assurer entièrement.

Remise en route.

Quand l'état du cheval permet de le remettre en route, la gendarmerie fait le nécessaire près du sous-intendant militaire ou du suppléant militaire dont elle relève; ce fonctionnaire délivre les pièces nécessaires pour rapatrier l'homme et le cheval jusqu'à destination.

S'il n'y a qu'une ou deux étapes à franchir pour arriver à destination, sans qu'il soit nécessaire de passer par la résidence d'un sous-intendant militaire, le maire délivre un « sauf-conduit » pour l'homme et un pour le cheval, qui subsistent comme pendant le stationnement là où ils font étape (indemnité exceptionnelle pour l'homme, bons de fourrages pour le cheval).

Le cavalier rapporte à son corps ou au détachement les pièces qui lui sont remises pour l'exécution de sa route et le double des bons de fourrages qu'il a fournis, sans omettre les effets de toute nature, le livret matricule du cheval et son livret individuel.

Mort d'un cheval.

En cas de mort d'un cheval, le chef de détachement la fait constater par le sous-intendant militaire ou son suppléant assisté d'un vétérinaire. A la suite de cette constatation, il est dressé un procès-verbal de mort, établi en trois expéditions dont deux sont envoyées au régiment pour être classées dans les archives, après

reliquat de la somme avancée est reversé au Trésor au moyen d'un ordre de reversement délivré par le sous-intendant militaire, sur la demande qui lui en est faite par la même autorité.

Une instruction dans ce sens peut être jointe à la feuille de route (Voir le « Nota » du certificat mod. IX, page 130).

avoir été soumises à l'homologation du sous intendant militaire si c'est un suppléant qui a fait le constat.

Comptes rendus. — Le chef de détachement rend compte au commandant d'armes ou au général commandant la subdivision de région, à son chef de corps, et prévient la gendarmerie.

Effets de harnachement. — Si le détachement n'est pas pourvu de moyens de transport, les effets de harnachement sont remis contre inventaire en double, portant reçu, à la gendarmerie qui les fait parvenir au corps au moyen d'un ordre de transport délivré sur sa demande par le sous-intendant militaire. Dans une résidence de sous-intendant ou de suppléant militaire, l'expédition est faite par les soins du chef de détachement quand il peut obtenir à temps l'ordre de transport nécessaire.

Dépouille. — La dépouille est vendue à l'équarrisseur adjudicataire de la garnison, s'il en existe un; dans ce cas, le corps désigné par le commandant d'armes fait recette de la valeur de la dépouille et en fait parvenir le montant au corps d'origine. Ailleurs que dans une garnison, le chef du détachement débat le prix en présence du maire, en perçoit le montant dont il donne reçu à l'équarrisseur, le porte en recette à son cahier d'enregistrement et le remet au trésorier à sa rentrée au corps. Il se fait délivrer par le maire un certificat constatant le prix auquel la dépouille a été vendue, ou encore constatant l'absence d'acquéreur et certifiant l'enfouissement complet de la dépouille.

CHAPITRE XII

SERVICE DES CONVOIS

Les menus bagages et les hommes éclopés, à la suite des détachements voyageant par étapes, sont transportés au moyen de convois (Régl. du 27 février 1894, p. r., p. 99).

Allocations réglementaires.

Les détachements de 6 à 24 hommes, sans officier, n'ont droit à aucun moyen de transport;

De 6 à 24 hommes, avec officier, ils ont droit à 1 voiture à 1 collier ;

De 25 à 160 hommes, avec ou sans officier, ils ont droit à 1 voiture à 1 collier (art. 7).

Le chargement des voitures est de 600 kg. ou 5 hommes par collier (art. 4 du régl.).

Allocations supplémentaires.

Quand le nombre d'hommes malades ou éclopés est trop élevé pour trouver place sur les voitures allouées — et, à plus forte raison, quand il n'en est alloué aucune — le chef de détachement peut obtenir une allocation supplémentaire en adressant une demande écrite au sous-intendant militaire ou à son suppléant, accompagnée du certificat d'un médecin constatant la nécessité de cette allocation (art. 7) qui n'est d'ailleurs accordée que d'un gîte d'étapes au suivant (art. 12).

Bons de convoi.

Le droit aux moyens de transport est constaté par des « Bons de convoi » (art. 6, mod. 122 de la nomenclature annexé au régl.), délivrés par les sous-intendants militaires ou leurs suppléants sur la production de l'ordre de mouvement, de la feuille de route et des justifications prévues ci-dessus. Il est délivré autant de bons de convoi qu'il y a d'étapes à franchir jusqu'à destination, ou jusqu'à la plus prochaine résidence de sous-intendant militaire, s'il s'en trouve une sur la route (art. 12).

Les maires ne peuvent délivrer de bons de convoi aux détachements que pour une seule étape.

Fourniture des convois.

Là où réside un sous-intendant militaire ou un suppléant *militaire*, le chef de détachement, muni du bon de convoi pour l'étape du lendemain, s'adresse à l'un des propriétaires de voitures qui lui sont indiqués par le sous-intendant, débat le prix, l'inscrit sur le bon ainsi que l'heure et le point de réunion, et fait signer le voiturier pour acceptation.

Dans les autres localités, le maire le met en relations avec les voituriers désignés et vise le bon en certifiant le prix s'il y a lieu, c'est-à-dire si le bon n'a pas été délivré par lui (art. 13).

Certificat d'exécution et de vu-arriver.

À l'arrivée dans chaque gîte, le chef du détachement, *s'il est officier*, certifie sur le bon l'exécution du service. S'il n'est pas officier, cette formalité est remplie par le sous-intendant militaire ou son suppléant, ou, à défaut, par un membre du conseil municipal, par un officier, un sous officier ou un brigadier de gendarmerie, ou enfin par deux notables de la localité (art. 15).

Payement des convois.

(Voir le chapitre XIV ci-après, page 81.)

CHAPITRE XIII

TRANSPORTS EN CHEMIN DE FER

Par qui ordonnés.

Le transport en chemin de fer des détachements, ou des chevaux quel que soit leur nombre, ne peut être ordonné que par le Ministre, les généraux commandant les corps d'armée agissant par délégation, ou par les sous-délégués de ces derniers, selon l'importance des détachements, leur nature et la distance à parcourir (1) (Régl. du 18 novembre 1889, art. 4 et 6).

---

(1) Pour que la mise en route par voie de fer des détachements ou des chevaux, même en nombre inférieur à 6, puisse être ordonnée par les commandants de corps d'armée sans autorisation spéciale du Ministre, la distance à franchir doit dépasser 60 kilomètres comptés sur route (art. 4 du régl. et art. 23 de l'inst. min. du 26 janvier 1895). Les chevaux sont toujours accompagnés dans les conditions suivantes : 1 homme par cheval de selle immatriculé ; 1 homme pour 2 chevaux de trait immatriculés ; 1 ordonnance ou l'officier lui-même pour le nombre de chevaux qui lui est attribué ; 1 homme pour 3 chevaux de remonte (de réserve) ou pour 4 chevaux des autres catégories (Inst. min. du 26 janvier 1895).

Comment effectués.

Le transport a lieu d'après les indications de l'« ordre de mouvement » (mod. n° 2 du règl.). Il est exécuté par les trains ordinaires de l'exploitation, toutes les fois que l'importance des détachements n'exige pas l'emploi de plus de 8 véhicules, ce qui est le cas des petits détachements; ceux-ci peuvent voyager par les trains-express ou poste, à la condition que ces trains comprennent des voitures de 3e classe et que l'effectif ne soit pas supérieur à 20 hommes sans chevaux ni voitures (art. 10).

Les officiers subalternes voyagent en 1re classe quand ils ne sont pas en nombre suffisant pour occuper un compartiment complet de 2e classe. La troupe voyage en 3e classe (art. 20) ou dans des wagons à marchandises aménagés (art. 23 et 46).

Les hommes *armés et équipés* n'occupent dans chaque compartiment de 3e classe que 8 places sur 10; s'ils ne sont pas équipés, (sans cartouchières, étuis de revolver, ou cuirasses) ils doivent occuper les 10 places du compartiment, même s'ils sont armés. Dans les wagons aménagés, ils sont placés à raison de 32, 36 ou 40 hommes équipés, suivant la longueur du wagon, et de 49 hommes non équipés pour tous les wagons indistinctement (art. 46).

Les chevaux sont placés dans des wagons couverts à bestiaux et à marchandises, à raison de 8 parallèlement à la voie (6 pour les cuirassiers). Des *wagons-écuries* ne peuvent être exigés (article 47).

Choix de l'itinéraire.

Le chef de corps arrête l'itinéraire de concert avec les agents locaux des compagnies à qui il envoie un avis de transport (mod. n° 5 du règl.; art. 18). L'itinéraire adopté n'est pas obligatoirement la ligne la plus courte; ainsi, l'itinéraire le plus court et par conséquent le plus économique ne doit pas être préféré s'il a pour conséquence de faire arriver notablement plus tard le détachement à destination, et surtout s'il multiplie les arrêts prolongés ou les changements de train. La troupe ne doit pas passer 2 nuits consécutives en wagon, elle fait escale, en pareil cas, dans des gîtes d'étapes déterminés (art. 15).

Hors le cas d'urgence, l'avis de transport (mod. V) doit être envoyé à la gare :

24 heures au moins avant le départ pour un détachement devant traverser Paris,

Guide chef dét.   6

Ou comptant un effectif de plus de 50 hommes,

Ou comprenant des chevaux ou des voitures;

6 heures au moins avant le départ dans les autres cas (art. 29).

Documents à produire.

L'itinéraire détaillé, indiqué par l'avis de transport, est consigné au dos de la feuille de route (art. 28); un bon de chemin de fer (mod. n° 6 du règl.) est en outre délivré par le sous-intendant militaire (art. 20).

A défaut de sous-intendant militaire ou de suppléant pour délivrer le « bon de chemin de fer », cette pièce peut être remplacée par la copie de l'ordre de mouvement ou de l'ordre télégraphique, certifiée par le chef de détachement et portant en *toutes lettres* l'indication de l'effectif ainsi que le reçu du billet collectif détaillant l'itinéraire à suivre (art. 20). Pour les isolés on fait usage d'une « réquisition » (mod. VI ci-annexé).

Le « billet collectif » est délivré par la gare de départ au chef de détachement en échange du bon de chemin de fer sur lequel il en donne reçu. Ce billet est gardé à l'arrivée par le chef du détachement pour être remis au sous-intendant militaire chargé du visa de la feuille de route; il doit donc rester épinglé à cette pièce. Les mutations survenues pendant la route sont inscrites au verso du billet collectif (art. 21).

Longs arrêts.

Quand un détachement de plus de 20 hommes doit attendre pendant plus de 3 heures la correspondance d'un train, il est conduit, par les soins du commandant d'armes, dans une caserne ou un établissement municipal de la garnison où a lieu l'arrêt; si le détachement est de 20 hommes et au-dessous et s'il n'y a pas de caserne à proximité de la gare, il est abrité dans les salles d'attente ou dans tout autre local que lui désigne le chef de gare, avec qui les commandants de détachement doivent se mettre en relations dès leur arrivée (art. 34).

Traversée de Paris.

Les détachements de 20 hommes et au-dessous *sans matériel ni chevaux* sont transportés d'une gare à l'autre dans Paris, en *omnibus* mis gratuitement à leur disposition par les compagnies;

ceux de plus de 20 hommes *avec ou sans matériel ou chevaux* sont dirigés sur la nouvelle gare de départ par un train spécial de la petite ceinture (art. 33).

CHAPITRE XIV

RÈGLEMENT DES DÉPENSES ACCIDENTELLES

Dégâts dans les cantonnements.

Aux termes des articles 14 de la loi du 3 juillet 1877 et 28 du décret du 2 août suivant, les troupes sont responsables des dommages qu'elles causent aux propriétés des habitants chez lesquels elles sont logées ou cantonnées.

Réclamations. — Les réclamations des habitants sont adressées, par l'intermédiaire de la municipalité, au commandant de la troupe avant son départ; après, c'est son représentant qui les reçoit pendant un délai de 3 heures.

À un petit détachement, il n'est guère possible de laisser un gradé en arrière pour satisfaire à cette condition; aussi est-il préférable que le chef s'assure avant de partir si des dégâts ont ou n'ont pas été commis, ce qui doit être d'autant plus facile que le nombre de locaux occupés est très restreint.

Constatation. — En cas de réclamations, le chef de détachement les examine de concert avec le maire, en apprécie le bien fondé, et, après avoir évalué le montant des dégradations, un procès-verbal (mod. I ci annexé) est établi en deux expéditions, dont une pour la municipalité et l'autre pour le régiment.

Payement. — Si le chef de détachement est pourvu d'une avance de fonds, il établit un mémoire ou une quittance (mod. nᵒˢ 1 et 2 du 14 janvier 1889), suivant la somme à payer, et en règle le montant en ayant soin de retenir le timbre de quittance de 0 fr. 10 aux créanciers s'il y a lieu; la pièce de dépense à laquelle est annexé le procès-verbal, est conservée par lui pour régler avec le trésorier à sa rentrée au corps.

S'il est dépourvu de fonds, le procès-verbal est adressé au conseil d'administration du régiment, qui fait le nécessaire pour en acquitter le montant.

Réparations au harnachement, à l'équipement, etc.

A défaut d'ouvriers dans le détachement, les réparations urgentes sont faites par des ouvriers civils. Le chef du détachement fixe à l'avance le prix de la réparation, afin d'éviter les contestations, et le paye sur mémoire ou quittance s'il dispose de fonds. S'il n'a pas d'imprimés réglementaires, une facture de commerce certifiée par le chef de détachement et acquittée en toutes lettres par l'ouvrier peut suffire.

S'il manque de fonds pour solder les réparations ainsi faites, le chef du détachement en certifie l'exécution sur la facture et invite l'ouvrier à l'adresser non acquittée, par l'intermédiaire du maire, au conseil d'administration du régiment.

Des factures distinctes sont établies pour les réparations au harnachement et pour celles concernant les autres effets (habillement, équipement, chaussure) les premières étant imputables à la masse du harnachement (fonds particuliers) et les secondes à la masse d'habillement (fonds particuliers) (Régl. du 9 janvier 1898, annexe B, et Règlement du 18 novembre 1887, annexe 3).

Entretien de la ferrure.

Quand un détachement ne comprend pas d'ouvrier maréchal ferrant, la ferrure est entretenue en route par des maréchaux civils à qui le chef de détachement s'adresse après s'être renseigné sur leur habileté. La dépense devant être remboursée par le maître maréchal ferrant abonnataire de l'unité à laquelle appartient le cheval, une facture de commerce acquittée suffit au chef de détachement pour en justifier près de ce maître ouvrier.

S'il n'a pas de fonds il est opéré comme au paragraphe précédent.

Paiement des convois

Par le chef de détachement. — Le paiement des fournitures de convois faites aux détachements, est effectué directement entre les mains du voiturier par le commandant du détachement s'il est officier; la dépense est justifiée par les bons de convois revêtus du certificat d'exécution et de l'acquit du convoyeur; ces bons sont gardés par le chef du détachement.

Si la dépense excède 10 francs, le montant des timbres de quittance (0,10) et de dimension (0,60) apposés sur le bon, est déduit du paiement. Le convoyeur doit être prévenu à l'avance de cette déduction afin d'éviter toute contestation à l'arrivée (Régl. du 27 février 1894, art. 16).

Par le sous-intendant militaire. — Si le chef de détachement n'est pas pourvu d'une avance de fonds et qu'il lui soit néanmoins alloué un convoi (V. le chap. XII, p. 78), il avise de ce fait le sous-intendant militaire de l'arrondissement administratif, et le voiturier est payé au moyen d'un mandat délivré par ce fonctionnaire de la façon suivante :

Rentré au lieu de sa résidence, le convoyeur remet au maire, pour le faire parvenir au sous-intendant militaire, le bon de convoi revêtu du certificat d'exécution et timbré, s'il y a lieu, du timbre de dimension, mais *non acquitté*.

Le sous-intendant vérifie le bon, l'arrête et en mandate le montant au nom du convoyeur (m. régl., art. 18).

Les fournitures de convois faites pour l'évacuation des hommes malades, considérés alors comme des « isolés », sont réglées de la même façon par le sous-intendant militaire (V. chap. X, p. 70).

Honoraires des médecins civils.

Les militaires malades en route sont ordinairement soignés *gratuitement* par les médecins civils, en raison du peu d'importance de la somme qui serait allouée à ces derniers comme rétribution, par le service de santé (Notice n° 2 du régl. du 25 novembre 1880).

Toutefois, si le médecin le demande, le chef de détachement certifie, sur une déclaration établie par le médecin, que des soins ont été donnés à « tant d'hommes », à « telle date », etc.

Payement des médicaments. — Si des médicaments pour les hommes ont été fournis par le médecin civil ou par son intermédiaire, la note en est également certifiée par le commandant de détachement.

Le médecin se fait payer ses honoraires et les médicaments fournis, en adressant au sous-intendant militaire sa déclaration, légalisée par le maire, et la facture des médicaments, établies en deux expéditions. C'est le « Service de santé » qui supporte cette dépense.

Honoraires aux vétérinaires civils.

Quand un vétérinaire a donné ses soins à un cheval, le chef de détachement certifie l'exécution du service fait, sur un mémoire établi en deux expéditions par le vétérinaire, pour déterminer le montant des honoraires qui lui sont dus. Le vétérinaire adresse son mémoire, timbré à 0,60 s'il dépasse 10 francs, par l'intermédiaire du maire, au conseil d'administration du régiment qui en fait opérer le payement au titre du « Service de la Remonte » (Règl. du 9 janvier 1896, annexe B).

Payement des médicaments. — S'il se trouve dans l'obligation d'acheter des médicaments pour les chevaux, le chef de détachement les paye et retire du fournisseur une quittance régulière ou une facture arrêtée en toutes lettres, afin de se faire rembourser à sa rentrée au corps.

S'il n'a pas de fonds, il certifie la pièce de dépense et invite le pharmacien à l'adresser non acquittée au conseil d'administration du régiment, qui en opère le paiement sur les fonds de la « masse du harnachement », fonds commun (Règl. du 9 janvier 1896, annexe B).

Quand les médicaments sont fournis par un vétérinaire civil, celui-ci ne doit pas les comprendre sur son mémoire pour honoraires; il établit une quittance ou mémoire séparé qu'il adresse comme ci-dessus, avec ledit mémoire, pour en obtenir le payement.

Payement des dépêches pour avis de décès ou de maladie grave.

Lorsque des avis télégraphiques de ce genre sont envoyés (mod. VII et VIII ci-annexés), ils sont toujours taxés.

Le chef de détachement paye le prix réclamé pour la transmission du télégramme, mais il se fait remettre par la poste un récépissé, moyennant un droit fixe de 0 fr. 10 qu'il paye également, sur lequel le montant intégral de la taxe perçue est inscrit par le receveur du bureau expéditeur.

À sa rentrée au corps, il présente ces récépissés au trésorier qui lui en rembourse le montant au titre du « Service de santé » (Règl. du 25 novembre 1889, art. 283).

Payement des denrées achetées directement.

Nature des achats. — Les achats effectués par les officiers chefs de détachements, opérant comme officiers d'approvisionnement, d'après les indications de l'instruction ministérielle du 24 janvier 1896 sur le fonctionnement et les attributions de ces derniers, comprennent :

1° Les fourrages perçus pendant les routes dans les localités qui ne sont pas places de garnison d'un effectif supérieur à 70 chevaux (V. chap. V, § A, p. 31, et § E, p. 43);

2° Le pain, la viande fraîche, les journées ou demi-journées de nourriture (1) et les fourrages, perçus pendant les *manœuvres* d'automne (V. chap. V, § C, p. 36);

3° Les fourrages perçus pendant les manœuvres de garnison (V. chap. V, § D, p. 40).

Exécution des achats. — Ils ont lieu par conventions amiables et sont suivis du payement immédiat (art. 16 de l'instr.).

Les officiers traitent directement avec les vendeurs, dans la limite des prix qui leur ont été fixés par le service de l'intendance, ou, à défaut, d'après ceux de la mercuriale du pays.

Les achats sont soldés aux fournisseurs, aussitôt après la livraison, au moyen d'avances spéciales reçues au préalable par les officiers chefs de détachement.

Écritures. — Les paiements ainsi effectués sont justifiés de la façon suivante :

Il est établi pour chaque achat une facture (mod. n° 1) ou une quittance (mod. n° 2) extraites d'un carnet à souches (mod. 416 *bis* de la nomenclature).

Les factures servent pour les achats au-dessus de 10 francs, les quittances pour ceux de 10 francs et au-dessous. Les factures seules sont soumises à la formalité du timbre de dimension (0,60) et de quittance (0,10), dont le montant (0,70) est déduit du paiement fait au fournisseur; celui-ci donne l'acquit sur la facture ou quittance.

---

(1) La nourriture chez l'habitant est constatée par des « certificats » (mod. n° 6 annexé à l'instruction ministérielle du 24 janvier 1896) qui sont mis à l'appui des factures d'achats. (Art. 29 de l'instruction.)

Dans la colonne « décompte » de ces pièces, il ne doit pas être porté de millièmes de franc; la seconde décimale (les centimes) est forcée d'une unité lorsque la 3° est 5 *et au-dessus*. La somme totale des décomptes n'est inscrite en toutes lettres qu'après vérification, lors du règlement qui a lieu à la rentrée du détachement; enfin dans la colonne « observations » il est utile d'indiquer, en regard de chaque denrée, le nombre de rations que représentent les quantités portées en poids sur la facture ou quittance.

Le chef de détachement fait apposer sur les factures, par un receveur de l'enregistrement, le timbre de dimension de 0 fr. 60; il doit être pourvu d'un certain nombre de timbres de quittance de 0 fr. 10, qu'il colle sur la facture au moment du paiement et qu'il fait oblitérer par le fournisseur (date et signature) qui signe ainsi deux fois : sur le timbre et à côté.

Distinction par service. — Le foin, la paille et l'avoine sont achetés au titre du service des fourrages;

Le pain, au titre du service des vivres;

La viande fraîche, au titre du service des vivres-viande;

La paille de couchage (1), au titre du service de l'habillement et du campement.

Aussi doit-il être établi une facture ou quittance spéciale pour chacun de ces « services », quand bien même il n'y aurait qu'un seul fournisseur pour l'ensemble des achats.

Factures et quittances sont conservées adhérentes aux souches qui ont été remplies en même temps, comme pièces justificatives des paiements effectués par le chef de détachement, qui les remet à sa rentrée en réglant avec qui lui a avancé les fonds. Elles servent ensuite au corps à se faire rembourser des avances ainsi faites aux différents services (art. 19 de l'instruction).

Achats de combustible.

Le bois alloué pendant les manœuvres d'automne ou de garnison (V. chapitre III, §§ C et D, page 22) est acheté au compte de la masse de chauffage du corps.

Le chef de détachement s'adresse directement aux habitants et leur paye séance tenante le combustible fourni, s'il est officier. —

----

(1) Les achats de *paille de couchage* sont appuyés d'un « état d'effectif » (mod. 291 de la nomenclature, papier rose) fourni par le service de l'intendance.

Le sous-officier chef de détachement peut opérer de même s'il a des fonds disponibles ; s'il ne peut payer, il s'adresse au maire pour obtenir le combustible nécessaire et lui remet en échange un bon portant reçu des quantités touchées. Ce bon, appuyé des factures décomptées des fournisseurs, est adressé par le maire au conseil d'administration du régiment qui opère le remboursement.

Si le payement est effectué par le chef de détachement, il en justifie au moyen d'un mémoire ou quittance (mod. du 14 janvier 1889) qu'il établit et fait acquitter par les fournisseurs. A défaut d'imprimés réglementaires, de simples reçus à la main mentionnant les quantités achetées, le prix de l'unité (quintal) et le décompte en deniers avec l'acquit en toutes lettres des fournisseurs, peuvent suffire.

Pour les décomptes en deniers, on observe la règle des décimales indiquée à l'article précédent ; cette règle est d'ailleurs applicable à tous les décomptes.

Inhumation des militaires décédés (payement des frais).

Lorsque le corps du militaire décédé a pu être déposé dans un hôpital, l'inhumation est faite par les soins de cet établissement (Serv. de santé, art. 293 et 294).

Si cette condition n'a pu être remplie, l'inhumation a lieu par les soins de la municipalité où est survenu le décès.

La commune est remboursée de ses frais par les soins du conseil d'administration du corps (masse d'habillement, fonds communs) à qui elle adresse une demande de remboursement appuyée des mémoires ou quittances dûment certifiés.

Les frais d'inhumation sont habituellement renfermés dans les limites suivantes (Notice 13 du Serv. de santé) :

Cérémonie religieuse	9ᶠ	»
Suaire	2	»
Bière	7	»
Fosse	2	»
Croix	4	»
Cierges (6 pʳ les soldats, 10 pʳ les sous-off.) (variable)		
Transport jusqu'au cimetière .... (variable)		

Les chefs de détachement n'ont pas à intervenir dans le payement de ces frais qui ne sont indiqués ici qu'à titre de renseignement.

CHAPITRE XV

EXÉCUTION DE L'ORDRE DE MOUVEMENT

Mesures à prendre avant le départ.

Dès que l'ordre constituant un détachement a été donné et son chef désigné, celui-ci doit s'occuper de son organisation. Il prend connaissance des ordres particuliers concernant la mission qui lui est confiée, se pénètre de leur esprit et demande au besoin des explications complémentaires dont il prend note par écrit.

Il étudie l'itinéraire qu'il aura à suivre, sur la carte s'il doit voyager par les voies de terre, sur un indicateur des chemins de fer si le déplacement a lieu par les voies ferrées ; il s'inquiète de savoir si les localités où il devra s'arrêter sont prévenues de son passage en cas de voyage par étapes (1), ou si la gare est avertie de son embarquement (chap. XIII, page 81).

Il se renseigne sur la façon dont sera administré son détachement, prend note des prestations auxquelles auront droit ses hommes et ses chevaux, et s'occupe des moyens de se procurer ce qu'il devra emporter.

Il s'attache à bien connaître le personnel qui va lui être confié ; à cet effet, il établit une liste nominative des hommes et des chevaux (carnet mod. XIII du Serv. intérieur) mentionnant les particularités diverses tant au point de vue de la conduite, du caractère, de l'instruction et des aptitudes de chaque homme que des avantages de solde particuliers à certains d'entre eux, et indiquant le tempérament, les qualités, les vices ou les défauts de chaque cheval.

---

(1) Les maires doivent être prévenus du passage des détachements 2 jours à l'avance. L'avis doit indiquer l'effectif des hommes et des chevaux à loger, la date du passage et les quantités de vivres à préparer (Circ. min. du 10 juin 1882). Le corps informe à cet effet le sous-intendant militaire de l'effectif du détachement, des quantités de pain et de viande à lui fournir et du tarif des fourrages qui sera appliqué (Note min. du 18 septembre 1896, r. n., p. 181).

Revue.

La veille du départ, il passe une revue minutieuse des hommes et des chevaux; contrôle leur identité et les renseignements qu'il s'est procurés sur eux s'il ne les connaît déjà; s'informe de leur état de santé; vérifie l'existence, la qualité, l'état d'entretien et l'ajustage des effets de toute nature qu'ils doivent emporter; s'assure que les hommes ont leur livret individuel et sont munis d'une ceinture de flanelle, et que la ferrure des chevaux est en bon état.

Il fait au besoin compléter les effets manquants, remplacer ou réparer ceux qui laisseraient à désirer, et fait ajuster les parties de l'équipement ou du harnachement qui pourraient en avoir besoin.

Perceptions.

Il touche, s'il y a lieu, et distribue *les vivres* à emporter, les *bons de tabac*, les *médicaments*, fait remettre aux hommes un *repas froid* (1) d'avance et une *demi-ration d'avoine* (2) pour les chevaux (2 kilos).

Fonds et documents.

Il se rend chez le trésorier pour toucher les *fonds* dont il doit être pourvu et recevoir les *documents* et *imprimés* nécessaires à sa mise en route et à l'exécution de sa mission.

Pour le détail se reporter au chapitre V, page 27.

C'est ainsi que connaissant le personnel placé sous ses ordres, certain que rien ne lui manquera, en possession des renseignements et des moyens nécessaires pour faire face à toutes les éventualités, le chef de détachement n'a plus à se préoccuper que de

---

(1) En cas de route par terre, et surtout en manœuvres, il est presque indispensable d'emporter ce repas, qui permet de faire manger les hommes peu de temps après l'arrivée au gîte ou même sur le terrain. Il est constitué au départ et fourni par les ordinaires des unités en dehors des allocations réglementaires faites au détachement.

On le reconstitue, chaque jour, par prélèvement sur la ration de la journée dont une partie seulement est consommée au repas du soir, le reste étant placé dans le paquetage pour le repas du lendemain matin.

(2) Deux kilos d'avoine sont placés dans le paquetage pour les mêmes raisons que le repas froid des hommes.

Prélevés au départ sur les économies constituées dans chaque escadron, ils sont consommés et reconstitués chaque jour sur la ration perçue en route. (V. chap. IX, page 67).

l'exécution de sa mission, où nous allons le suivre en laissant de
côté les cas particuliers aux divers détachements qui ont été
suffisamment traités dans les chapitres précédents, et en résumant
sommairement — puisque le détail en a été donné plus haut —
les opérations normales que peut avoir à effectuer un détachement
ordinaire voyageant par la route d'abord, ensuite en chemin de
fer.

Les éventualités que peut rencontrer tout autre détachement,
même en opérations de manœuvres, ayant toujours quelques
points de commun avec celles auxquelles le détachement ordinaire
doit faire face, il sera facile aux chefs de détachement, qui se
serviront de ce guide, de discerner la conduite à tenir dans les
différentes circonstances, en s'inspirant des cas analogues à ceux
dans lesquels ils pourraient se trouver.

CHAPITRE XVI

EN ROUTE PAR ÉTAPES

Ordres donnés en vue du départ.

La veille du départ, le chef du détachement donne des ordres
pour que les hommes aient pris le café et les chevaux bu et mangé
légèrement avant l'heure du boute-selle qui doit être aussi rapprochée que possible de l'heure du départ.

Il indique le lieu et l'heure de la réunion du lendemain. Une
fois en route, le lieu est généralement choisi sur la route à suivre,
les cavaliers s'y rendent haut-le-pied; le départ est calculé de
façon à être arrivé au gîte suivant avant 10 heures du matin en
été ; en hiver il faut partir au plus tôt une heure après le lever du
jour (Serv. int., art. 350).

Campement.

Même si l'effectif du détachement est restreint, il est toujours
préférable d'envoyer à l'avance au moins un brigadier et un cavalier pour préparer le logement et éviter ainsi une perte de temps
à l'arrivée.

Exécution de la marche.

Avant de rompre, l'appel étant fait, le chef du détachement en passe la revue pour s'assurer que rien ne manque, que la tenue est correcte et les paquetages bien arrimés. Pendant les chaleurs, les bidons sont remplis, avant le départ, d'eau additionnée de café ou d'eau-de-vie (Serv. en camp., art. 53).

En route, les rangs peuvent être desserrés pour marcher sur les accotements (Serv. int., art. 350). Un arrêt de quelques minutes est fait, après le premier temps de trot, pour rectifier les paquetages et resangler les chevaux ; il en est fait ensuite un de dix minutes environ toutes les deux heures ; on profite de ces arrêts pour visiter les pieds des chevaux et les paquetages. La vitesse moyenne ne doit pas dépasser 8 kilomètres à l'heure ; la marche est terminée par un temps de pas de 2 à 3 kilomètres (Serv. en camp., art. 67).

Honneurs à rendre en route.

Si le détachement rencontre une troupe en armes, ou un officier général, s'il passe devant un poste, ou s'il croise un convoi funèbre, son chef fait mettre *le sabre à la main* ; il ne salue du sabre que s'il est officier. Quand il n'a pas le sabre à la main, le chef salue de la main, quel que soit son grade, les autres militaires rencontrés (Serv. des places, art. 274 et 279).

En cas d'encombrement, les troupes à cheval cèdent le pas aux troupes à pied (art. 274).

Arrivée à l'étape.

Le gradé chargé du campement, muni de la feuille de route du détachement, s'est présenté à la mairie pour recevoir les billets de logement ; il a ensuite reconnu les écuries, s'est informé de l'emplacement où ont lieu les distributions, l'abreuvoir des chevaux, ainsi que des ressources de la localité et du prix des différentes denrées ; puis il est allé attendre le détachement à l'entrée du gîte (Serv. int., art. 333, 405 et 406).

Arrivé à l'étape, le chef de détachement arrête sa colonne, reçoit les renseignements ci-dessus et donne ses ordres.

Ordres à donner.

Avant d'entrer dans le cantonnement, le chef de détachement rappelle les soins particuliers à donner aux chevaux, indique le lieu et l'heure des distributions et de l'abreuvoir, l'heure du repas des hommes, de l'appel, du pansage et de la visite. Les selles doivent être repaquetées avant la soupe du soir et les hommes en tenue de route à partir de ce moment.

Il commande le campement pour le lendemain, fixe l'heure de son départ et l'itinéraire à suivre, ainsi que l'heure et le lieu de réunion du détachement.

Il fait ensuite distribuer les billets de logement et conduit sa troupe dans le quartier qu'elle doit occuper.

Formalités à remplir à l'arrivée.

Le chef de détachement se présente chez le commandant d'armes s'il est dans une ville de garnison; (V. le chap. VII, p. 60) il examine et vérifie les denrées mises en distribution, ainsi que celles qui sont destinées à l'ordinaire; il fait viser à la sous-intendance ou, à défaut, à la mairie, la feuille de route et le mandat d'étapes ou bon de fourrages; il paye la solde de ses hommes et règle avec l s fournisseurs, s'il y a lieu.

Devoirs au cantonnement.

Dans la journée, il visite l'installation des hommes et des chevaux; il les passe en revue et fait donner des soins à ceux dont l'état le nécessite; il surveille les ordinaires des cavaliers, et, s'il n'en est pas fait, il se rend compte de la façon dont ils vivent; il veille au maintien de la tenue et du bon ordre et donne des ordres pour que les hommes soient rentrés dans leurs logements à l'heure de l'appel du soir.

Formalités au départ.

Si l'effectif du détachement le permet, il laisse un gradé en arrière, pendant trois heures, pour recevoir et examiner les réclamations que les habitants adressent à la municipalité; sinon il s'informe près des habitants eux-mêmes si des dommages leur ont été causés; il règle ou fait régler les indemnités comme il est dit au chap. XIV, page 83.

Il réclame du maire la délivrance d'un certificat de bien-vivre (Serv. places, art. 162), qu'il remet au lieutenant-colonel à sa rentrée au corps.

CHAPITRE XVII

EN CHEMIN DE FER

Ordres à donner avant le départ.

Les formalités indiquées au chap. XIII (page 80) étant remplies, le chef de détachement, s'il s'agit d'un transport avec chevaux, donne des ordres pour qu'une corvée, chargée de la préparation de l'embarquement et de la conduite du matériel à la gare, y soit rendue 2 heures à l'avance; il fixe l'heure de la réunion du détachement de façon à être à la gare une heure avant celle fixée pour le départ du train. Les heures de repas des hommes et des chevaux sont déterminées en conséquence, les hommes devant avoir pris un repas avant le départ et les chevaux bu et mangé 2 heures au moins avant l'embarquement.

Quelle que soit la tenue prescrite, les hommes doivent être porteurs du petit bidon rempli d'eau additionnée d'eau-de-vie ou de café, et de l'étui-musette renfermant les objets suivants : *gamelle* contenant les *vivres, cuiller, pain, surfaix* et *musette-mangeoire vide;* le *seau en toile* (un pour 2 cavaliers) est porté par dessus l'étui (Appendice II du 25 avril, 1890 règle 6).

Gradé d'embarquement.

Le gradé commandé pour conduire à la gare la corvée précédant le détachement, doit être porteur de la feuille de route collective, du bon de chemin de fer et du récépissé d'avis de transport ; il emmène, chargés sur une voiture du régiment (1) :

---

(1) Si le détachement ne possède pas de moyens de transport, les fourrages et la paille sont conduits à la gare par les soins de l'administration militaire (règle 4). Le reste du matériel et les bagages sont transportés par l'entrepreneur du camionnage de la compagnie sur bon du sous-intendant militaire ou, à défaut, sur bon signé du chef de détachement, qui indique la nature et le poids des bagages (Règle 2, observation).

1° Les fourrages pour la durée du trajet : ration de chemin de fer (1).

2° La paille de litière : 2 kg 500 par cheval (2).

3° Les bottillons pour les selles : 2 bottillons de 12 kg. par wagon de chevaux (2).

4° Les cordes de poitrail : 1 pour 4 chevaux de légère ou de dragons, 1 pour 3 chevaux de cuirassiers.

5° Les bagages du détachement.

Arrivé à la gare, le gradé chargé de la reconnaissance se fait indiquer l'emplacement où doit avoir lieu l'embarquement, visite avec un employé de la compagnie les wagons destinés au détachement, pour s'assurer qu'ils ne portent aucune trace de dégradations, qu'ils sont en nombre suffisant et qu'ils sont aménagés convenablement ; il fait mettre en place les *ponts roulants* ou les *rampes mobiles*, les *cordes de poitrail*, la *paille de litière*, et dispose *les bottillons* et *les fourrages* en face de chaque wagon. Il fait constater le nombre et le poids des bagages par un agent et remet au chef de gare la feuille de route et le bon de chemin de fer pour servir à l'établissement du *billet collectif*.

Arrivée du détachement à la gare.

Le chef du détachement conduit sa troupe à la gare en *ordre militaire*, ordre qu'il doit faire observer d'ailleurs dans tous les mouvements exécutés à l'intérieur des gares, à l'arrivée comme pendant les arrêts en cours de route et à la descente du train (Règlement du 18 novembre 1889, art. 31).

Il fait embarquer les chevaux et les hommes conformément aux règles prescrites par l'appendice II du 25 avril 1890.

Il commande les gardes d'écurie d'après le tour de service établi ; leur rappelle qu'ils ne doivent débrider que lorsque le train est en marche et les chevaux calmés ; qu'ils peuvent appeler et faire des signaux avec leur mouchoir, en cas d'accident grave

---

(1) Lorsque dans la même journée le trajet en chemin de fer est précédé ou suivi de parcours par voie de terre d'une longueur totale de 12 kilomètres au moins, c'est la ration de route qui est allouée (Règle 4).

(2) Cette paille est fournie en dehors de la ration par l'administration militaire (Service de l'habillement et du campement) sur la production d'un état d'effectif spécial, sur papier rose (n° 291 de la nomenclature) dont l'imprimé est également fourni par l'administration (Règle 3). Dans les 1er, 9e et 16e corps d'armée, la litière est fournie par les soins du corps au moyen de l'indemnité allouée (V. tableau K ci-annexé.)

survenant pendant le trajet; qu'il leur est interdit de fumer, et, pour plus de sûreté, il leur fait enlever leurs allumettes et leur tabac; il détermine les arrêts pendant lesquels ils seront relevés (toutes les 3 heures environ) et désigne les gares où l'abreuvoir (1) sera fait et l'avoine donnée aux chevaux (2).

Il se rend près du chef de gare pour signer sur le bon de chemin de fer la mention de l'exécution du service et en recevoir le « billet collectif » et la « feuille de route ».

Les hommes étant embarqués, il leur rappelle qu'il est interdit de se pencher aux portières pendant la marche; de passer d'une voiture dans une autre; de pousser des cris ou de chanter; d'ouvrir ou de fermer les portières, ce soin incombant aux agents de la compagnie; de descendre de voiture avant que l'ordre en soit donné, ou sans permission en cas de nécessité pendant les courts arrêts, et, dans ce cas, sans être en tenue correcte; enfin, s'il y a de la paille dans les wagons, il leur défend de fumer (Règle 20). Les gradés répartis dans les compartiments, et, à défaut, les plus anciens cavaliers, sont responsables de l'exécution de ces prescriptions.

Pendant le trajet.

Le chef du détachement profite des arrêts d'une durée suffisante pour se rendre aux wagons à chevaux et se faire rendre compte par les gardes d'écurie des événements survenus. Quand la durée de l'arrêt le permet, il fait descendre les hommes de voiture *en ordre*, après s'être concerté avec le chef de gare, envoie relever les gardes d'écurie s'il y a lieu, et fait « rompre les rangs » après avoir indiqué les limites dans lesquelles les hommes pourront circuler sur le quai et l'heure à laquelle ils devront se retrouver formés devant les wagons; au besoin, un planton est placé aux issues interdites.

(1) Il n'est habituellement pas fait d'abreuvoir pendant les trajets de moins de 12 heures (Règle 22). Pour faire boire les chevaux, les seaux sont remplis, puis passés aux gardes d'écurie qui les présentent aux chevaux doucement pour ne pas les effrayer.

(2) L'avoine est donnée dans les musettes-mangeoires qui sont remises par les cavaliers aux gardes d'écurie dès que l'embarquement est terminé; ces musettes sont placées dans le sac contenant l'avoine pour le trajet.

Une bonne précaution est de faire placer un ou deux seaux pleins d'eau dans chaque wagon de chevaux.

Guide chef dét   7

Mutations.

Il est rare qu'un homme ou un cheval doive être laissé en cours de route; cependant si le cas se produit, le chef de détachement, après avoir régularisé la situation de concert avec le « commissaire de surveillance administrative », le chef de gare et le gendarme de service, et fourni les renseignements nécessaires sur l'homme ou le cheval laissés (V. pages 71 et 75), inscrit la mutation au dos du *billet collectif* et la signe contradictoirement avec le chef de gare.

Alimentation.

Les vivres des hommes, nécessaires pour toute la durée du trajet, ont dû être emportés et placés dans la gamelle individuelle et l'étui-musette; ils sont consommés en totalité ou en partie pendant la marche du train, suivant les indications données par le chef de détachement aux chefs de compartiments responsables de leur exécution.

Les repas des chevaux ont lieu dans les gares où le train s'arrête suffisamment pour permettre de faire l'abreuvoir avant de donner l'avoine qui peut être mangée pendant la marche, mais il est préférable qu'elle le soit pendant un arrêt.

Relations avec les agents des compagnies.

Ces relations reposent sur un double principe :

D'une part, les agents n'ont à s'immiscer en rien dans aucune question de discipline militaire ;

D'autre part, le chef de la troupe embarquée ne doit intervenir en rien dans ce qui constitue les opérations techniques de formation ou de conduite des trains. Il ne doit jamais donner d'ordres aux agents, mais s'adresser au chef de gare de service.

Les portières ne sont ouvertes que sur l'ordre du chef de train donné aux agents des gares d'après la demande du chef de détachement (art. 57 du règlement).

Arrivée à destination.

Le débarquement des hommes et des chevaux est effectué conformément aux règles militaires en vigueur. Le détachement est conduit à destination et son chef accomplit les formalités indiquées au chap. XVI, page 93.

Le billet collectif est remis au sous-intendant avec la feuille de route, par l'intermédiaire du corps.

Si le transport a donné lieu à observations, le chef de détachement établit un bulletin de renseignements (mod. n° 7 annexé au règlement du 18 novembre 1889) qui est visé par le chef de corps et transmis au ministre par la voie hiérarchique (art. 21 du règlement).

IVe PARTIE

NOTICES MÉDICALE ET VÉTÉRINAIRE

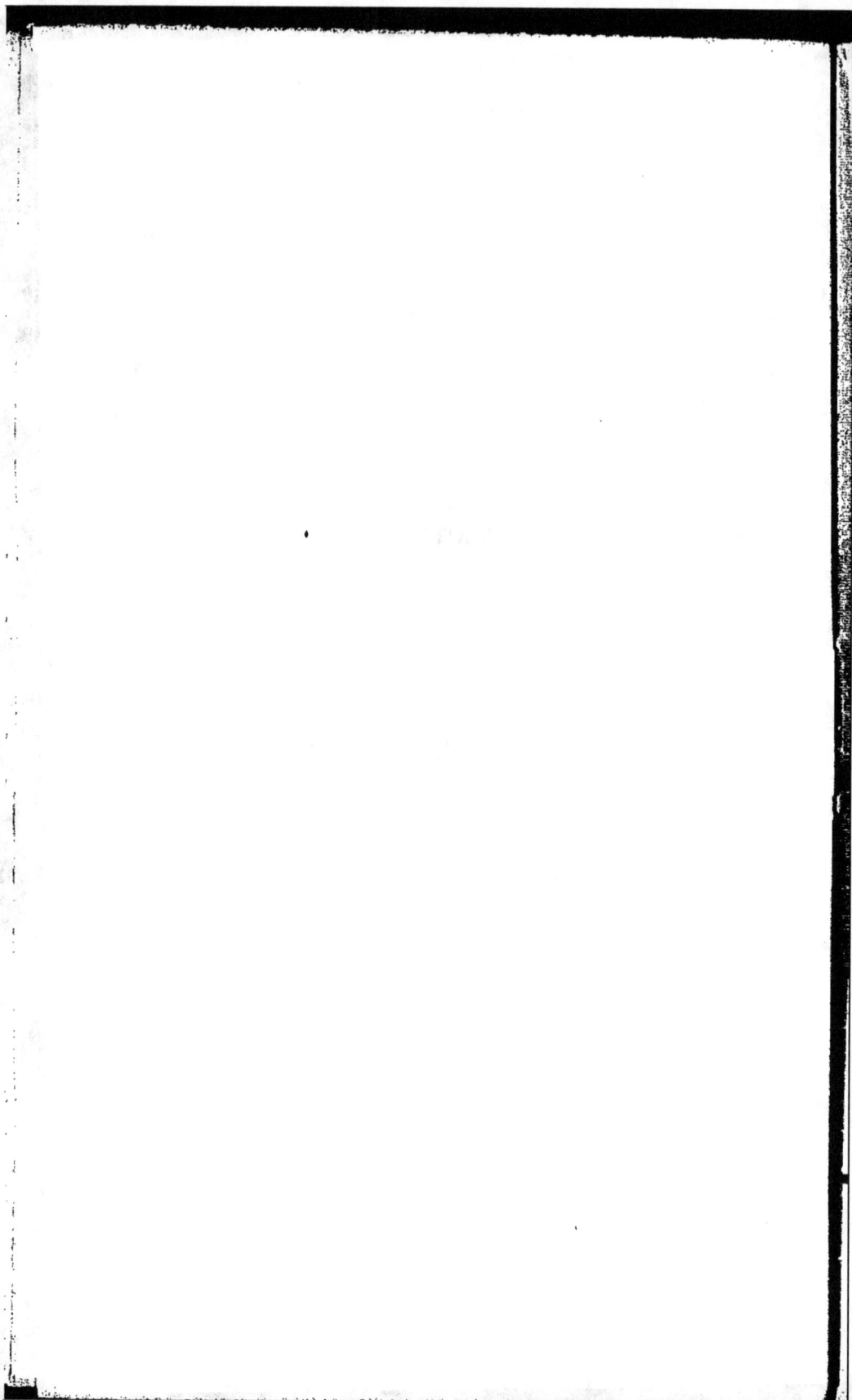

NOTICE MÉDICALE

Notions élémentaires de Médecine pratique.

A. — Traitement d'une plaie.

Peu importe la nature et la cause de la plaie, la région où elle se trouve; on la panse de la façon suivante :

Avant de faire le pansement, avoir bien soin de se savonner les mains, pour éviter d'apporter des germes sur la plaie, nettoyer cette plaie avec de l'eau phéniquée ou, à défaut, avec de l'eau qui aura bouilli pendant vingt minutes. Appliquer ensuite sur la plaie la gaze et la ouate imbibées de solution phéniquée, par dessus le taffetas imperméable destiné à empêcher l'évaporation et la dessiccation du pansement, puis mettre la bande.

Pour la face et les yeux, se servir toujours d'eau bouillie ou d'eau boriquée (30 *grammes pour 1 litre d'eau*), jamais d'eau phéniquée, trop caustique. Si la plaie se complique d'une hémorragie peu abondante, il suffira de serrer fortement la bande, pour que l'écoulement de sang s'arrête; si l'hémorragie est abondante et provient d'une artère ou d'une veine sectionnée, en attendant les secours d'un médecin, il faut comprimer fortement la plaie avec le pansement, qui sera extrêmement serré, et tenir le membre élevé.

B. — Traitement d'une entorse.

L'entorse est due à des mouvements forcés produits involontairement dans une articulation. La plus fréquente est celle du pied. Elle s'accompagne d'une douleur très vive à laquelle vient s'ajouter instantanément un gonflement plus ou moins considérable. Il faut déchausser le blessé avec une très grande précaution; au besoin fendre la botte le long de la couture pour lui éviter de la douleur et dans la crainte de fracture. Application d'une compresse d'alcool camphré et immobilisation absolue du pied et de la jambe. Si c'est possible, faire tremper longtemps le pied dans de l'eau très froide que l'on renouvelle dès qu'elle s'échauffe.

C. — Traitement d'une fracture.

Une fracture se reconnaît aux signes suivants : 1° un craquement que le blessé entend au moment de l'accident; 2° une douleur excessive à l'endroit de l'os fracturé; 3° l'impossibilité de se servir du membre blessé; 4° une déformation se produit, en sorte que le membre ne ressemble plus à celui du côté opposé. En présence d'une fracture et en attendant l'arrivée d'un médecin, il faut toujours éviter le moindre mouvement au membre blessé et essayer de l'immobiliser; si c'est une fracture de l'épaule, du bras ou de l'avant-bras, il faut rapprocher le bras le long du corps, faire plier l'avant-bras que l'on croise sur la poitrine et introduire la main dans l'ouverture du vêtement de l'homme pour la soutenir.

Si c'est une fracture du membre inférieur, il faut couper les vêtements et les chaussures le long de la couture, éviter tout mouvement au membre et l'immobiliser en le plaçant dans la couverture du cheval de l'homme; cette couverture sera repliée plusieurs fois sur elle-même de façon à former une gouttière qui viendra embrasser la jambe ou la cuisse; on attachera cette couverture avec des bretelles, une courroie de paquetage, etc., etc.

D. — Soins médicaux.

Indigestion. — Il est toujours bon d'administrer une infusion de thé assez fort, à laquelle on ajoute un peu de rhum si le malade n'a pas encore vomi, et si l'on arrive à temps pour éviter les vomissements. Si l'indigestion s'accompagne d'envie de vomir, il faut provoquer le vomissement en introduisant le doigt au fond de la gorge pour chatouiller la luette.

Quand les vomissements ont cessé, on donne du thé, et si le malade accuse une soif violente, on peut lui faire boire à petites gorgées de l'eau sucrée additionnée de fleur d'oranger ou de menthe.

Coliques. — On doit toujours administrer du thé fort et très chaud et faire prendre au malade en deux fois une pilule d'opium que l'on a, au préalable, coupée par le milieu. Les deux moitiés doivent être prises à une heure environ d'intervalle. Tenir le ventre chaud à l'aide d'une ceinture de flanelle, ou d'une serviette chauffée et que l'on renouvelle.

Diarrhée. — Administrer un paquet de bismuth que l'on fait fondre dans un peu d'eau, et une pilule d'opium comme ci-dessus. Recommander au malade de ne pas boire ou de ne boire que chaud.

Congestion cérébrale. Insolation. — Il faut immédiatement faire mettre pied à terre au cavalier et l'abriter à l'ombre, la tête plus basse que les pieds, de façon à favoriser le retour du sang à la tête (il suffit pour cela d'étendre l'homme par terre et de lui mettre sous les reins son manteau *roulé*; on doit aussitôt déboutonner ses effets pour lui permettre de respirer plus librement, enfin lui frictionner les tempes avec de l'alcool camphré, ou plus simplement avec un mouchoir trempé dans de l'eau froide. Lui faire respirer par le nez de l'ammoniaque ou de l'éther, en approchant simplement le flacon et en ayant soin d'éviter d'en renverser le contenu. Lui chatouiller les narines ou le fond de l'oreille avec un brin d'herbe.

Une fois que l'homme est revenu à lui, s'il a soif, lui faire boire de l'eau pure, *mais jamais d'alcool;* lui donner 20 gouttes d'éther sur un morceau de sucre qu'il avalera.

Piqûres d'insectes. — Il faut cautériser immédiatement l'endroit de la piqûre avec un peu d'ammoniaque que l'on verse dessus; appliquer ensuite un pansement comme il est dit au début.

Si c'est une piqûre de vipère, serrer immédiatement au-dessus de la morsure tout le membre avec un mouchoir ou une cravate qui sera fortement nouée, cautériser avec l'ammoniaque et appeler au plus tôt un médecin.

NOTICE VÉTÉRINAIRE

Les règles de l'hygiène étant observées, une surveillance assidue apportée à la façon dont les chevaux sont sellés, montés, pansés et logés, et les causes d'indisponibilité grave, en dehors des cas d'accident, se trouvent sinon complètement évitées, du moins rendues moins fréquentes ; mais si elles se produisent, elles seront d'autant plus atténuées que les soins donnés aux chevaux auront été plus immédiats. C'est pourquoi tout chef de détachement, tout cavalier même doit pouvoir porter remède à sa monture, sur-le-champ, avec ou sans médicaments.

Blessures produites par le harnachement.

La compression du harnachement, si le poids du paquetage ou du cavalier n'est pas bien réparti sur le dos du cheval, si certaines parties font saillie ou offrent plus ou moins de résistance élastique (bandes d'arçon mal ajustées ou inégalement rembourrées, sangles mal placées, plis dans la couverture), si un corps étranger (poussière, poils agglutinés, gravier, etc.) est placé sous la selle, produit des blessures au garrot, sur le dos ou au passage des sangles.

Ces blessures se manifestent sous la forme de tumeurs froides ou chaudes, d'excoriations et de cors.

Quand elles se produisent, il faut d'abord les soigner, puis en rechercher la cause et y remédier.

Tumeurs froides. — Ce sont des grosseurs peu ou point sensibles qui apparaissent de chaque côté du garrot, sur le dos, ou au passage des sangles.

TRAITEMENT : Faire un bon massage; appliquer une compresse (morceau de toile plié, éponge, motte de gazon) imbibée d'eau blanche ou d'eau vinaigrée; la compresse est maintenue au moyen du surfaix. (On renouvelle les massages et les compresses plusieurs fois par jour et jusqu'à ce que la grosseur ait disparu).

REMÈDE : En se reportant à l'endroit du harnachement correspondant à la tumeur, on peut déterminer la cause qui l'a produite; quelle que soit cette cause, si l'on ne veut pas que la tumeur s'aggrave, tout en faisant monter le cheval, il faut faire pratiquer par un sellier un évidement dans le panneau recouvrant la bande d'arçon, afin d'éviter que le poids porte sur la partie atteinte.

Tumeurs chaudes. — Grosseurs très sensibles siégeant aux mêmes endroits.

TRAITEMENT : Masser et appliquer des compresses comme ci-dessus. Les compresses peuvent être avantageusement remplacées par des cataplasmes de feuilles d'herbes bouillies ou de mie de pain fraîche.

REMÈDE : Si la sensibilité a disparu, on peut faire monter le cheval en prenant les précautions indiquées au cas précédent, ou tout au moins le seller sans le faire monter, si la tumeur est restée quelque peu douloureuse; au besoin la selle est dépaquetée.

Excoriations. — Ce sont des plaies qui se produisent par suite du frottement de certaines parties du harnachement, ou d'un échauffement ayant occasionné l'éruption de petits boutons qui percent et forment plaie suppurante s'ils ne sont soignés à temps.

TRAITEMENT : Pour les boutons, on lave à l'eau crésylée, phéniquée ou boriquée, puis on savonne de façon à produire beaucoup de mousse que l'on laisse sécher sur les boutons; on recommence cette opération plusieurs fois dans la journée et le matin avant de seller.

Quand il y a plaie, on lave de la même façon, et on la protège par une compresse de toile ou d'ouate imbibée d'eau crésylée ou boriquée ou phéniquée.

REMÈDE : Il faut faire disparaître la cause du frottement s'il est dû à un accessoire du harnachement ou du paquetage.

Si la plaie ou l'échauffement se trouve sous la couverture, on garnit celle-ci d'un morceau de toile cirée que l'on enduit de vaseline boriquée au moment de seller; cela suffit pour les petits boutons ou pour une plaie superficielle; s'il y a suppuration, après avoir enlevé la compresse on saupoudre la plaie avec de la poudre d'iodoforme, on la recouvre d'une légère couche d'ouate sèche et on selle par-dessus.

Il est bon qu'auparavant le panneau de la selle ait été évidé.

Cors. — Les cors viennent sur le dos. C'est une mortification de la peau généralement produite par la compression due à la présence d'un corps étranger entre la selle et le dos du cheval.

TRAITEMENT : Dès qu'un cor apparaît, il faut l'enlever. Cette opération ne peut être pratiquée convenablement que par un vétérinaire, qui indique si le cheval peut ou non continuer à être sellé ou monté, suivant la plaie qui en résulte et que l'on soigne comme il a été dit ci-dessus.

REMÈDE : Pour éviter les cors il faut que le dos du cheval soit maintenu très net ; le cavalier s'en assure, avant de seller, en le brossant et en passant la main dessus. Les petites croûtes, provenant d'excoriations ou de petits boutons, peuvent être considérées comme des corps étrangers qui produisent souvent des mortifications de la peau assez profondes pour rendre le cheval gravement indisponible, aussi faut-il en éviter la formation au moyen de compresses humides, et, au besoin, les enlever avant de seller après les avoir attendries en les humectant ; ce sont alors de simples plaies superficielles pour lesquelles on prend les précautions indiquées ci-dessus.

La couverture doit avoir été bien battue et brossée.

Accidents les plus fréquents.

Coup de pied. — Doucher la partie atteinte si possible, ou mettre le cheval à l'eau, ou enfin lotionner avec de l'eau salée ou de l'eau blanche.

Si le cheval boite, lui faire faire la route haut-le-pied et au pas.

Prise de longe. — Mettre le cheval à l'eau et lotionner à l'eau blanche.

Si l'on peut faire tenir un pansement, appliquer sur la plaie une compresse d'eau crésylée.

Cheval couronné. — Mettre le cheval à l'eau courante. Lotions d'eau crésylée. Poudre d'iodoforme sur la plaie.

Atteinte. — Contusion du boulet, du paturon ou des talons, avec meurtrissure plus ou moins profonde des tissus.

TRAITEMENT : Doucher, mettre le cheval à l'eau courante, couper la corne arrachée, s'il y a lieu, et protéger la plaie par un bandage après l'avoir enduite de vaseline boriquée.

Remède : Si l'atteinte provient du cheval même, faire modifier la ferrure en conséquence et protéger l'extrémité inférieure du membre par une guêtre que l'on fait avec un morceau de vieille couverture fixé au dessus du boulet par une simple ficelle.

Crevasses. — Fendillement de la peau au pli du paturon.

Traitement : Bien nettoyer à l'eau crésylée ou boriquée, appliquer des cataplasmes de son mouillé, puis enduire de vaseline boriquée.

Remède : On évite les crevasses en tenant toujours très propres les plis du paturon, en les nettoyant après avoir marché dans des terrains boueux ou marécageux, et en les séchant toutes les fois qu'ils ont été mouillés. Comme mesure préventive, pour les chevaux qui y sont sujets, cette partie des membres peut être enduite d'un corps gras quelconque avant de sortir par un temps pluvieux ou de mener le cheval à l'eau. Il faut aussi éviter les écuries dont le sol est humide.

Bleime. — Meurtrissure de la sole qui fait boiter le cheval.

Traitement : Il faut avoir recours à un maréchal pour faire enlever la corne décollée ou amincir celle qui environne la bleime si elle suppure.

On panse ensuite au goudron ou à la liqueur de Villate.

Fourchette pourrie. — Enlever toute la corne décollée. Panser à la liqueur de Villate ou au goudron.

Clou de rue. — Retirer le clou et mettre le cheval à l'eau. S'il boite, avoir recours à un maréchal qui déferre le pied et amincit la corne, puis on applique un cataplasme de son et d'eau crésylée ou l'on met le pied dans l'eau. Referrer à plaque après avoir fait un pansement goudronné.

Effort de tendon. — Doucher, mettre le cheval à l'eau courante. Frictions à l'alcool camphré. Entourer le membre d'une bande.
Si le cheval boite trop bas le laisser aux soins d'un vétérinaire.

Effort du boulet. Molettes. — Même traitement.

Maladies diverses.

Coliques. — Bouchonner vigoureusement. Couvrir de façon que le ventre soit tenu chaud. Faire boire de l'eau alcoolisée avec un décilitre d'éther. Promener le cheval, lui administrer des lavements d'eau de son.

Diarrhée. — Mettre le cheval au régime blanc : barbotages. Lui faire boire, de temps en temps, de l'eau dans laquelle on verse 30 gouttes de teinture d'opium, jusqu'à cessation de la diarrhée.

Congestion pulmonaire ou Coup de sang. — Desseller. Ablutions d'eau froide sur le crâne que l'on recouvre d'un linge mouillé. Saigner, si possible, et frictionner les membres à l'eau sinapisée et les parties charnues à l'essence de térébenthine.

Ve PARTIE

TABLEAUX ET MODÈLES

TABLEAU RÉCAPITULATIF des allocations en deniers et en nature faites aux divers détachements.
(Voir les chapitres II et III.)

DÉTACHEMENTS ORDINAIRES.	AUX MANŒUVRES AVEC CADRES.	AUX MANŒUVRES D'ARMÉE.	AUX MANŒUVRES DE GARNISON (pour une absence d'au moins 24 heures).	CONDUITE de CHEVAUX de remonte.	CONDUITE de CHEVAUX de réquisition.	DÉTACHEMENTS de RÉSERVISTES.
		ALLOCATIONS POUR LES HOMMES.				
EN DENIERS.	EN DENIERS.	EN DENIERS.	EN DENIERS.	EN DENIERS.	EN DENIERS.	EN DENIERS.
Normalement : Solde de présence (tableau A). Hautes-payes journalières (tableau B). Indemnité aux troupes en marche (tableau D). Indemnité de viande (tableau D). Indemnité de pain (tableau D). Éventuellement : Indemnité représentative de vin (tableau D). Indemnité représentative d'eau-de-vie (tableau D). Indemnité fête Nationale (tableau B).	Indemnité journalière exceptionnelle (tableau F) pendant toute la durée du déplacement (plus la solde pour les sous-officiers rengagés ou commissionnés seulement).	Normalement : Solde de présence. Hautes-payes journalières. Indemnités aux troupes en marche. Indemnité de viande. Indemnité de pain (allouée si le pain en nature n'est pas en route). Éventuellement : Indemnité représentative de vin. Indemnité représentative d'eau-de-vie. Indemnité en rassemblement ou pour résider (aux sous-officiers rengagés ou commissionnés quand elle est allouée dans la place).	Normalement : Solde de présence. Hautes-payes journalières. Indemnités aux troupes en marche. Indemnité de viande. Indemnité de pain (hygiénique ou ordinaire). Indemnité fête Nationale.	Indemnité journalière exceptionnelle libre de route pendant toute l'indemnité de déplacement (plus la solde pour les sous-officiers rengagés ou commissionnés seulement).	Indemnité journalière libre de route ordinaire (tableau F), pendant toute la durée de la mission (plus la solde pour les sous-officiers rengagés ou commissionnés seulement). Nota. — Les sous-officiers de la disponibilité, de la réserve ou de l'armée territoriale n'ont droit qu'à 1 fr. 25.	Aux cadres de conduite : Indemnité journalière de route ordinaire (tableau F). Aux grades et hommes de troupe de la réserve : Indemnité journalière de 1 fr. 25 pour toute la durée du trajet, jusqu'au par injet jusqu'au arrivée au corps.

EN NATURE.	EN NATURE.	EN NATURE.	EN NATURE.	EN NATURE.	EN NATURE.	EN NATURE.	EN NATURE.	EN NATURE.
Sucre et café, 1/4 de ration (tableau G).	Néant.	Ration de pain ou biscuit (tableau G). Ration de viande fraîche ou de conserve (tableau G). Sucre et café, 3/4 de ration (tableau G). Chauffage, ...ations individuelles (tableau G). Paille de couchage (tableau G).	Sucre et café, 1/4 de ration. Pain (s'il peut être emporté). Chauffage (rations individuelles).	Néant.	Néant.	Néant.	Néant. Reçoivent à titre remboursable un repas par 12 heures de trajet.

ALLOCATIONS POUR LES CHEVAUX.

EN DENIERS.	EN NATURE.	EN DENIERS.	EN NATURE.	EN DENIERS.	EN NATURE.	EN DENIERS.	EN NATURE.
Néant.	Pendant les manœuvres proprement dites : indemnité de nourriture fixée à 2 francs par jour et payable sur les fonds de l'indemnité de route.	Néant.	Ration de « route ».	Néant.	Ration de « route » ou de « chemin de fer », selon le cas.	Néant.	Ration de réquisition fixée à 4 kilogr. foin et 5 kilogr. avoine.
Ration de « route » ou de « chemin de fer », selon le cas (tableau H ou K).	Pendant les routes d'aller et retour : comme ci-contre.	Néant.	Ration de « chemin de fer » (tableau H ou K).	Néant.	Ration de « remonte » ou de « chemin de fer », selon le cas.		

Tableau **A** (Chap. ii).

SOLDE DE LA TROUPE

(Tarif n° 4 annexé au décret du 27 décembre 1890, p. ii., p. 1398.)

GRADES et emplois.	SOLDE À CHEVAL PAR JOUR.			SOLDE À PIED PAR JOUR.			Observations.
	Rengagés ou commissionnés.		Non rengagés.	Rengagés ou commissionnés.		Non rengagés.	
	Solde de présence.	Solde d'absence.	Solde de présence.	Solde de présence.	Solde d'absence.	Solde de présence.	
Chef armurier de 1re classe.........	3,77	1,89	»	3,77	1,89	»	
Chef armurier de 2e classe.........	2,12	1,06	»	2,12	1,06	»	
Adjudant..........	3,05	1,53	2,80	2,90	1,45	2,65	
Maréchal des logis trompette major, sergent-major clairon.........	1,80	0,90	1,55	1,80	0,90	1,55	
Maréchal des logis chef; serg. maj...	1,65	,83	1,40	1,50	0,75	1,25	
Maréchal des log.; maréchal des log. fourrier; serg. et sergent fourrier..	1,35	0,63	1,10	1,20	0,60	0,95	
Brigadier fourrier, caporal fourrier.	»	»	0,95	»	»	0,75	
Brigadier, brigadier trompette; caporal, caporal tambour ou clairon; caporal-sap.; musicien après 10 ans de fonctions.	»	»	0,55	»	»	0,45	
Trompette, tambour et clairon; sapeur, soldat musicien........	»	»	0,35	»	»	0,30	
Cavalier; soldat; élève musicien...	»	»	0,30	»	»	0,28	

TABLEAU B (Chapitre II).

Accessoires de solde et indemnités en deniers (Tarifs annexés au décret du 27 décembre 1890).

GRADES ET EMPLOIS.	HAUTES PAYES D'ANCIENNETÉ (Tarif n° 8).			Indemnité aux troupes en marche (tarif n° 11).	Indemnité à l'aération de la ... internationale dans Paris (tarif n° 12).	Indemnité pour la résidence dans Paris (tarif n° 13).	Indemnité en rassemblement (tarif n° 16).	OBSERVATIONS.
	Pendant les 5 premières années d'engagement ou de commission.	Après 5 ans d'engagement ou de commission.	Après 10 ans d'engagement ou de commission.					
Adjudant et assimilé....	» » 30	» 70	» 70	» 85	1 50	» 75	» 20	(a) Les hautes payes des sous-officiers rengagés ou commissionnés sont sur... mensuellement par le trésorier.
Sous-officier et assimilé.	» » 30	» 30	» 70	» 45	» 70	» 40	» 10	(b) L'indemnité pour ... réside dans Paris n'est allouée qu'aux officiers rengagés ou commissionnés.
Caporal fourrier et brigadier fourrier.	» 15	» 24	» 24	» 45	» 70	» 30	»	(c) L'indemnité en rassemblement, allouée dans certaines garnisons par décisions présidentielles spéciales, est accordée aux sous-officiers rengagés ou commissionnés seulement. (Décision présidentielle du 12 octobre 1888, B.O., page 335.)
Caporal et brigadier....	» 16	» 24	» 24	» 12	» 30	»	»	
Soldat..............	» 12	» 16	» 16	» 10	» 20	»	»	(b et c) Ces indemnités ne sont d'être allouées aux sous-officiers rengagés ou commissionnés faisant partie de troupes en marche.

TABLEAU D (Chapitre II).

TARIF des Indemnités représentatives de vivres et de liquides.

DÉSIGNATION des DENRÉES.	TAUX des RATIONS converties en deniers.	RÉGIONS AUXQUELLES s'appliquent les tarifs d'indemnités.	TARIF des INDEMNITÉS allouées en marche.	OBSERVATIONS.
		(A)	(A)	
Viande..........	0ᶠ 300	«Région de corps d'armée (du point de départ).		Taux uniq.. pour l'ensemble de la région. L'indemnité continue à être allouée d'après ce même taux, quand la troupe passe dans une autre région, et pour toutes les journées où elle est considérée comme « en marche ».
Pain............	0ᶠ 750	Tout le territoire........		Taux unique, fixe chaque année, pour l'ensemble du territoire, par le « Tarif de remboursement des denrées » publié à la p. s. du B. O.
Vivres com plets.. {Pain.... Sucre et café....	0ᶠ 750 1 ration.	Id.		Taux unique fixe comme ci-dessus. Cette indemnité « en remplacement de vivres » est allouée aux militaires autorisés à vivre individuellement (sous-officiers mariés, maîtres ouvriers). Le taux est habituellement fixé à 0 fr. 22.
Vin............	0ᶠ 25	(B) «Région... «Région... «Région...		Taux particulier à chaque région, fixé chaque année par le « Tarif de remboursement des liquides » publié à la p. s. du B. O. Le taux à percevoir est celui fixé pour la région dans laquelle se trouve le détachement au moment où a lieu l'allocation.
Eau-de-vie (ration ordinaire)........	0ᶠ 0625	«Région... «Région... «Région...		Id
Eau-de-vie (ration hygiénique)....	0ᶠ 03125	«Région... «Région... «Région...		Id.

(A) Les indemnités variant suivant les époques et les régions, les chiffres à porter dans cette colonne devront être inscrits avant le départ, *au crayon seulement*.
(B) N° des régions à traverser par le détachement.

TABLEAU F.

(a) Tarif n° 4 annexé au règlement sur les frais de route du 12 juin 1857, modifié par les décisions présidentielles du 27 décembre 1890, r. o., p. 1345, et du 1er avril 1892, r. o., p. 224.

(b) Tarif n° 4 bis du 1er août 1879, r. o., p. 86.

TARIF des Indemnités de route.

GRADES.	INDEMNITÉ journalière DE ROUTE et de séjour	INDEMNITÉ DE TRANSPORT POUR ABSENCE temporaire de la garnison ou de la résidence.		INDEMNITÉ journalière exceptionnelle (b)	DESTINATIONS.
		INDEMNITÉ kilométrique sur voies ferrées (A)	INDEMNITÉ kilométrique sur routes ordinaires (A).		
	fr.	fr.	fr.	fr.	
		(3)	(3)		
Adjudant et assimilés............	(1) 3 » (2)	0 021	0 13	(1) 5 » (2)	
Autres sous officiers.	(1) 1 75 (2)	0 016	0 125	(1) 3 50 (2)	
Brigadiers et cavaliers............	(2) 1 25	0 016	0 125	(2) 2 50	

(1) Les sous officiers rengagés ou commissionnés cumulent ces indemnités journalières avec la solde de présence, la haute paye et la gratification annuelle.

Les sous officiers de la réserve ou de la territoriale n'ont droit qu'à l'indemnité de 1 fr. 27.

(2) Pour les sous officiers non rengagés et les autres militaires, l'allocation de ces indemnités est exclusive de toute prestation en deniers ou en nature.

(3) Les indemnités kilométriques ne sont indiquées ici qu'à titre de renseignement, les chefs de détachement n'étant pas pourvus de barème pour les appliquer ni de registre de route pour les payer.

Il y est suppléé par des bons de chemin de fer ou réquisitions (Mod. VI), ou par des bons de convois.

TABLEAU G (Chapitre III).

TARIF des Rations de vivres et de combustible allouées en nature.

DENRÉES.	En route par étapes et en chemin de fer.	Aux manœuvres de cantonnement.	Aux manœuvres d'automne.	OBSERVATIONS.
	kg.			(1) Quand l'indemnité représentative n'est pas allouée.
Pain............... {Indemnité représentative		120 750	0 750	(2) Représentant le de la ration.
ou Pain biscuité.. {		0 700	0 700	(3) Représentant le de ration ou surplus de la ration, soit 1 k. par jour, à titre remboursable.
Sucre...............	0 00525	0 00525	0 01575	La ration individuelle de chauffage en hiver n'est allouée que en sus des commandements. Elle est propre comme le même d'éclairage.
Café...............	0 001	0 001	0 001	
Viande fraîche..... {Indemnité représentative			0 300	L'une ou l'autre de ces rations.
ou Conserves de viande			0 300	
ou Lard salé.......			0 240	L'une ou l'autre de ces rations.
Bois pour la cuisson des aliments...... {Sous-officiers, brigadiers-fourriers et brigadiers maîtres maréchaux ferr... {Troupe........				Ces chiffres représentent le taux de la ration individuelle d'ordinaire allouée pour chaque jour. Ils n'ont rien d'absolu pour les perceptions, qui sont toujours faites par voie d'achats, payés sur « mémoires ou quittances » établie au titre de la masse du chauffage, mais on doit s'en rapprocher.
Bois pour la préparation du café (sous-officiers et troupe)...	0 050	0 050	0 050	
Bois de chauffage aux troupes bivouaquées (4)... {Sous-officiers, brigadiers-fourriers et brigadiers maîtres maréchaux ferr... {Troupe........		2 400 1 200	2 400 1 200	
Paille de cou- {longue....... {courte.......				Cette paille est allouée aux troupes qui cantonnent pendant plus de 3 jours dans le même lieu. Elle ne peut être renouvelée qu'après 15 jours. Au bivouac, même pour une nuit, il est alloué 1,2 ration, soit 2 kil. 500, aux officiers comme à la troupe.

TABLEAU II.

TARIF des Rations de fourrages du 12 octobre 1887.

PARTIES PRENANTES.	PIED DE PAIX (en station).			RATIONS DE ROUTE par terre.			RATIONS EN CHEMIN DE FER.		PIED DE GUERRE (aux manœuvres d'automne).			OBSERVATIONS.
	Foin.	Paille.	Avoine.	Foin.	Paille.	Avoine.	Foin.	Avoine.	Foin.	Paille.	Avoine.	
1re CLASSE. Cuirassiers et artillerie à cheval... Officiers généraux.	5,75 2,50	4 4,75	5,25 5,35	4,50 4,75	» »	5,75 5,75	5 5	5 5	3,50 2,50	4,5 21,21	5,75 5,75	Les chevaux placés en subsistance reçoivent toujours la ration de l'arme ou du service auxquels ils appartiennent. (D. du 29 mai 1890, t. 6, par 2.) Les chevaux de réquisition reçoivent une ration uniforme fixée à : Foin, 5 kg. Paille, 3 kg. Avoine, quelle que soit l'arme à laquelle ils sont destinés. (Instr. du 1er août 1879, art. 25.)
2e CLASSE. Dragons, officiers du service d'état-major et officiers brevetés.	2,50 2,50	3,50	5	2,50 2,50	»	5,50	5	5	2,50	4	5	
3e CLASSE. Chasseurs, hussards, officiers d'infanterie et du génie.	2,50 2,50	3,50	4,50	2,50 2,50	»	5	5	5	2,50	4	5	

TABLEAU K.

TARIF des Rations de fourrages (décision du 4 août 1891) spécial aux 1er, 2e et 16e corps d'armée.

DÉSIGNATION DES PARTIES PRENANTES.	RATION du pied de paix.			RATION du pied de guerre (complète, manœuvres).			RATIONS de chemin de fer ou par mer.		OBSERVATIONS.
	Foin	Paille	Avoine	Foin	Paille	Avoine	Foin	Avoine	
Cuirassiers y compris les équipages réglementaires.									
Batteries d'artillerie attachées aux divisions de cavalerie.									
Officiers généraux		5.000		3.500	5.500	6.000,5		21	
Dragons y compris les équipages réglementaires.	3.500	5.500	3.500	3.500	5.500	6.000,5			
Officiers employés dans le service de l'état-major.	3.500	5.500		3.500	5.500	6.000,5		21	
Officiers brevetés employés dans les corps ou services autres que ceux d'état-major.	3.500	5.500	3.500	3.500	6.000,5				
Chasseurs et hussards y compris les équipages réglementaires.									
Gendarmerie.	3	4.700	3			5.500,5		21	
Proportionnaires de l'intendance.									
Officiers d'infanterie.									
ALGÉRIE ET TUNISIE.									
Chevaux de toutes armes et de toutes provenances, excepté les chevaux de race française, qui perçoivent comme à l'intérieur.	3		3		4.000	6.000,5		21	
Mulets de toute provenance.									

MODÈLE I (Chapitre XIV).

* DIVISION DE CAVALERIE.

...

* BRIGADE DE

--

(1)

* Régiment de

* RÉGION.

COMMUNE DE

......

Canton d   département d

Loi du 3 juillet 1877, art. 14, et décret du 2 août 1877, art. 28.

Application des dispositions de l'instr. min. du 1er mai 1897, p. n., p. 760.

(1) Indication du service militaire exécuté (poste, manœuvres, etc.).

PROCÈS VERBAL des dommages causés aux locaux occupés par la troupe, constatés contradictoirement suivant réclamations faites par les ayants droit dans le délai de 3 heures accordé par la loi.

NOMS des RÉCLAMANTS.	DOMICILE.	DÉFINITION DE DOMMAGE.	MONTANT DES INDEMNITÉS		OBSERVATIONS
			demandées.	accordées.	
		TOTAUX.........			

Arrêté le présent procès verbal duquel il résulte que le montant des dégradations provenant du fait de la troupe s'élève à la somme de

qui sera payée aux ayants droit par les soins de la municipalité.

Fait double à   , le   189 .

Le   chargé de la constatation,   Le Maire.

NOTA. — Ce procès verbal est établi en 2 expéditions, dont une pour la municipalité et l'autre pour le corps. Cette dernière est destinée à être mise à l'appui de la pièce de dépense qui a servi au payement.

Modèle H (Chapitres xi et vi).

PLACE d

DÉPARTEMENT d

Mois d (6)

Distribution du
au   189

Effectif des chevaux (1) :
pendant   jours.

" RÉGIMENT de

" ESCADRON

Détachement (1)

(1) Indiquer la nature du détachement.
(2) Station, route, guerre.
(3) En toutes lettres.
(4) En chiffres.
(5) Grade du signataire et qualité.
(6) Chaque bon ne doit comprendre que les journées d'un même mois.

BON de Fourrages sur le pied de (2)

Bon pour la quantité de (3)

rations de fourrages,

au taux de foin   kr,   ; paille   kr,   ; avoine   kr,

Représentant les quantités ci après :

Foin : (3)   ci (4)   kr,

Paille :   ci   —

Avoine :   ci   —

A   le   189   .

Vu bon à délivrer :

Le Maire,   Le (5)

NOTA. — Pour obtenir le paiement des fourrages compris sur le présent bon, le fournisseur devra établir, en 2 expéditions, une facture décomptée des quantités délivrées : il les remettra au maire qui y inscrira la mention suivante : « Le maire de la commune de   certifie que les fourrages compris sur la présente facture ont été distribués au détachement du   e régiment de   , de passage à   le
189   , et que les prix demandés sont bien ceux des cours de la localité. » Puis le bon et les factures seront envoyés par le maire à M. le sous-intendant militaire qui fera délivrer au fournisseur un e mandat sur le Trésor ».

OBSERVATION. — Si le détachement comprend des chevaux de plusieurs escadrons, le détail des rations et quantités perçues pour chacun est inscrit au verso du présent bon.

MODÈLE III (Chapitre VII. — *Homme manquant aux appels.*

Instruction ministérielle du
13 septembre 1847. p. 2. p.
p. 760.

° RÉGION
PLACE »
CORPS »
Départ »

° RÉGIMENT »
Détachement (1)   se rendant de

Signalement de recherches d'un (2)   manquant aux
appels, qui doit être arrêté et ramené à (3)

NOM et PRÉNOMS.	SIGNALEMENT (4.	ÉTAT des services (5.	DATE du manquement aux appels.	CIRCONSTANCES de la manquement des états respectifs.	AUTORITÉS qui cherchent le détachement et OBSERVATIONS
Se nommant	Fils de et de domicilié à départ de . Domicilié avant son entrée au service à arrond. de . Taille d'un mètre millim. Cheveux , sourcils Yeux , front Nez , bouche Menton , visage Teint Marques particulières :	Entré au service le remise appelé de la classe de contenant engagé volontaire pour ans, à Fait partie de la subdivision de No de tirage, dans le can ton de départ de Incorporé au ° régiment de Libérable du service actif le			

Certifié véritable par moi (2)

A   commandant le détachement.
                                le   18 .

A Monsieur le

(1°) Indiquer l'objet du détachement. — (2°) Indiquer le grade. — (3) Indiquer le lieu de garnison du corps. — (4° A défaut de livret par remplir les cases colonnes, les indications qui s'illes doivent contenir sont prises à autres cases de cette le détachement et d'après les renseignements fournis par les camarades de l'homme manquant.

Nota. — Il est établi a expéditions de ce signalement dès que la disparition d'un militaire est constatée. Ces signalements sont aussitôt adressés : l'un au commandant d'armes, si le détachement se trouve dans une ville de garnison, ou au général commandant la subdivision de région s'il se trouve dans tout autre lieu, l'autre au commandant de la brigade de gendarmerie du lieu ou la plus voisine.

Modèle n° IV (Chap. vi et vii).

Réquisition à la gendarmerie.

RÉGION.

PLACE DE

Canton de

Département de

RÉGIMENT de

Détachement se rendant de (1)

à   (2)

(1) Points de départ et de destination extrêmes.

(2) Indiquer la mission du détachement.

RÉQUISITION

Conformément à l'article 351 du décret du 1er mars 1854 sur le service de la gendarmerie, le commandant du détachement du   Régiment de   de passage à   . requiert le commandant de la brigade de gendarmerie de   . de recevoir le sieur (nom, prénoms, grade, n° matricule), prévenu de   , en attendant qu'il soit statué sur la destination à lui donner par le général commandant la subdivision de région.

Ce militaire sera remis entre les mains de la gendarmerie le   à

A   , le   18   .

Le Commandant du détachement,

Modèle Nº V (Chapitre VI).

Pli sous bande et enveloppe avec adresse.

S. M^{re}

Le (grade), chef de détachem.

(Signature)

Monsieur le Président
du Conseil d'Administration
du   e Régiment de
à

(Département)

S. M^{re}

Nécessité de fermer

Le (grade) Chef de détachement

(Signature)

Monsieur
le Colonel commandant
le   e Régiment de
à

(Département)

— 128 —

MODÈLE VI (Chapitres x et xiii).

CORPS D'ARMÉE

* DIVISION DE CAVALERIE.

* BRIGADE DE

* RÉGIMENT D

PLACE DE.

(1) Cette réquisition est remise en simple expédition, le jour du départ, au chef de gare.
(2) Indiquer la classe : 1re pour les officiers, 3e pour les sous-officiers et soldats.
(3) Gare du départ.
(4) Gare d'arrivée du lieu de garnison.
(5) Nom, grade et corps.
(6) « Évacué comme » ou « accompagnant un ».
(7) « L'hôpital de » ou le « lieu de garnison du régiment ».
(8) « Feuille de route » ou « sauf-conduit ».

(A) *Manœuvres de*

ou *Détachement se rendant*

de à

(B)

Régl. du 18 novembre 1889, art. 20.

(A) Instruction ministérielle du 18 février 1895 (art. 77, renvoi 1).

(A) Indication à biffer s'il ne s'agit pas de manœuvres.
(b) Indiquer la mission accomplie par le détachement.

RÉQUISITION (1)

TENANT LIEU DE BON DE CHEMIN DE FER

La Compagnie des chemins de fer de

est priée de faire transporter en (2)   classe,

de (3)   réseau de

à (4)   réseau de

le nommé (5)

(5)   malade sur (6)

Le nommé   est porteur d'un (8)

A   , le   189 .

Le   chef de détachement.

Timbre de la gare de départ ou de changement de réseau.

Je soussigné   , désigné ci-dessus, certifie qu'il m'a été remis par la compagnie de

un titre de transport pour le parcours de

à

A   le   189 .

Modèle VII (Chapitres x et xiv).

Avis télégraphique d'un décès.

Mod. N° 65.
Art. 66 et 283 du Règlement
sur le service de santé
du 25 novembre 1889.

« *Maire* (indiquer la commune et le département sans article).

» (Nom, prénoms, grade et corps auquel appartenait le militaire décédé).

» *Décédé* (indiquer le lieu du décès, la date sans mettre l'article et supprimer le millésime).

» *Inhumation* (date, sans article ni millésime). *Heure* (sans article).

» *Informez famille.*

» (Nom de l'expéditeur.) »

Modèle VIII.

Avis télégraphique de maladie grave.

Modèle annexé à la circulaire ministérielle du 29 avril 1895. *B. O., p. r.,* p. 412.

» *Maire* (d°   )

» (Nom, etc.   d°   )

» *traité* (indiquer l'endroit)

» *donne graves inquiétudes*

» *Informez famille* (adresse de la famille, rue   , n°   )

» (Nom de l'expéditeur.) »

Nota. — Il n'est mentionné sur les dépêches expédiées que les indications comprises entre guillemets.

Guide chef dét.   9

Modèle IX (Chapitre xi).

e RÉGIMENT D

CERTIFICAT DE PAIEMENT

(Délivré à un homme chargé de soigner un cheval laissé en arrière).

Le (grade et nom)
détachement du   e régiment de   commandant le
à   se rendant de
                                               (indiquer les causes du déplacement)

certifie avoir remis au (maire de la commune et
ou brigadier de gendarmerie à   ) la somme de
(en toutes lettres)   ci
représentant   journées d'indemnité journalière exceptionnelle du
(quantième et mois en toutes lettres) au (id.   ) inclus,
revenant au nommé (nom, n° matle et escadron du cavalier)
confié à sa surveillance avec le cheval (nom, matle, escad.).

La somme de 2 fr. 50 sera remise journellement au cavalier (nom)
et servira à assurer sa subsistance complète. Monsieur le (maire ou brigadier
de gendarmerie) voudra bien veiller à ce qu'il acquitte chaque jour ses dépenses de nourriture, aucune réclamation pour ce fait ne pouvant être ad-
mise par le régiment.

A   , le   189 .

Le (grade)   commandant de détachement.

NOTA. — Si, en raison de l'indisponibilité du cheval, le séjour du cavalier se prolonge au delà
du nombre de journées pour lesquelles l'indemnité a été avancée, une demande de mandat, indiquant le nombre de jours encore nécessaires au traitement du cheval et la date présumée de sa
mise en route, sera adressée au sous-intendant militaire avec le présent certificat à l'appui.
Si, au contraire, le séjour est d'une durée moindre, la somme devant rester disponible, après
avoir assuré au cavalier le paiement de l'indemnité de 2 fr. 50 pour les journées de route qu'il
a à faire pour rejoindre son détachement ou sa garnison, sera reversée au Trésor au moyen d'un
ordre de reversement demandé au sous-intendant militaire avec les explications nécessaires à
l'appui.
Mention de la somme ainsi reversée est faite sur le présent certificat qui est renvoyé au corps
ou au chef du détachement.
Sur le sauf-conduit délivré à l'homme pour le retour doit être mentionné le paiement de l'indemnité exceptionnelle fait pour les journées à passer en route.

Modèle X (Chapitre xi).

PLACE D	e RÉGIMENT de	(1) Indiquer l'objet du détachement.
CANTON D		(2) Date de la mutation.
	DÉTACHEMENT	(3) Indiquer l'autorité (gendarmerie de..., ou maire de...).
Départ d	se rendant de à	(4) Nom, grade, n° matricule.
(1)		(5) Taux — en rations.
		(6) Grade.

Etat signalétique d'un Cheval dudit régiment,

confié le (2)   à (3)

Numéro matricule :   . Nom :   . Sexe :
Age :   . Taille :   . Robe :
Particularités :

Inventaire des Effets de harnachement laissés.

Selle complète :   . Couverture :   Bride :
Mors de bride :   . Etriers :   . Surfaix :
Etui porte avoine :   . Bridon :   . Licol :

Cavalier chargé de soigner ledit } (4)
cheval et de l'accompagner lors
de sa mise en route.

Taux de la ration journalière de fourrages à donner au cheval (5) :
Foin :   . Paille :   . Avoine :
Lieu sur lequel il devra être dirigé après guérison :

CERTIFIÉ le signalement et l'inventaire ci-dessus.
A   le   189   .

Reconnu exact l'inventaire ci-dessus.
    Le Cavalier,   Le (6)   chef de détachement.

NOTA. — Si, à défaut de gendarmerie dans la localité où le cheval est laissé, celui-ci est confié au maire ou à un vétérinaire, il devra être dirigé sur la brigade de gendarmerie la plus voisine dès qu'il sera en état de marcher.

Après guérison, la gendarmerie fera délivrer au cavalier les pièces nécessaires à sa mise en route et à celle du cheval (feuilles de route ; mandats d'étapes pour les fourrages ; bon de chemin de fer si la distance à franchir jusqu'à destination est supérieure à 60 kilomètres comptés sur route).

Si la destination est très rapprochée (une étape, 2 au plus), des sauf-conduits délivrés par le maire pourront suffire ; dans ce cas les fourrages seront perçus en route, s'il y a lieu, au moyen d'un bon (mod. 11) fourni par le cavalier.

Modèle XI (Chapitre x).

PLACE D

CANTON D

Départ.t d

c REGIMENT d

DÉTACHEMENT

se rendant de   à

(1)

(1) Objet du détachement.
(2) Nom et prénoms.
(3) Grade.
(4) Indiquer la mutation.
(5) Notes et qualités des notabilités ou témoins.
(6) « gardes en dépôt » ou « expédiés au corps » i............ ».
(7) Les quantités d'effets ou de valeurs doivent être énoncées en chiffres et en toutes lettres.

INVENTAIRE des effets et armes du nommé (2)

. n° mat.le . (3)   du   e escadron,

(4)

dressé en présence de (5)

Habillement.
Ceinture de flanelle.........
Épaulettes (paire).........
Manteau.................
Matelassure de cuirasse....
Pantalon de cheval.........
Tunique ou dolman.........
Veste.................
Coiffure.
Calotte de drap.........
Casque ou shako..........
Képi.................
Grand équipement.
Bretelle de carabine.........
Cartouchière.........
Ceinturon avec bélière.........
Dragonne.........
Étui et lanière de revolver..
Armement.
Carabine n°
Cuirasse.................
Revolver n°
Sabre n°
Lance.................
Nécessaire d'armes n°   ...
Campement.
Bidon individuel.........
Étui de gamelle.........
Sachet à vivres.........
Seau en toile.........

Outils }

Petit équipement.
Bottines avec éperons.....

Bourgeron.................
Bretelles de pantalon.......
Caleçons.................
Chemises.................
Col ou cravate.................
Courroie de manteau.........

Effets de pansage { Brosse en crin , ciseaux , corde à fourrages, éponge , étrille.

Effets de petite monture { Boîte à graisse , brosse à habits , à laver , d'armes ,cuiller ,trousse garnie.........

Étui-musette.................
Gamelle individuelle.........
Livret individuel.........
Mouchoirs.................
Paires de sous pieds.........
Pantalon de treillis.........
Plaque d'identité avec cordon.
Pompon ou plumet.........
Quart.................
Sachet à cartouches.........
Sac à avoine.................
Sifflet et son cordon.........

Objets divers, propriété personnelle du susnommé (7).

Reconnu exact et reçu les objets
énumérés ci dessus pour être (6)

Le

Certifié le présent inventaire,

A   16   189 .

Le (5)   chef de détachement,

L'intéressé,   { Les témoins}

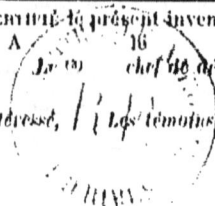

TABLE DES MATIÈRES.

Guide chef dét.   9.

CHAPITRE IV. — RÈGLES D'ALLOCATIONS.

CHAPITRE V. — COMPTABILITÉ DES DÉTACHEMENTS.

IIIᵉ PARTIE. — Règles communes à tous les détachements.

Vᵉ PARTIE. — Tableaux et Modèles.

Pages.

Tableau récapitulatif des allocations en deniers et en nature............ 114

Tableau A. — Tarif de solde de la troupe : à pied, à cheval........... 116

   —   B. — Tarif des accessoires de solde et des indemnités en deniers   117

   —   D. — Tarif des indemnités représentatives de vivres et de liquides 118

   —   F. — Tarif des indemnités de route....................... 119

   —   G. — Tarif des rations de vivres et de combustible allouées en nature... 120

   —   H. — Tarif des rations de fourrages...................... 121

   —   K. — Tarif des rations de fourrages spécial aux 1ᵉʳ, 9ᵉ et 16ᵉ corps d'armée................................. 122

Modèle   I. — Procès-verbal des dégâts causés dans les cantonnements.. 123

   —   II. — Bon de fourrages pour isolés...................... 124

   —   III. — Signalement de recherches d'un homme manquant aux appels... 125

   —   IV. — Réquisition à la gendarmerie...................... 126

   —   V. — Adresses pour correspondance de service........... 127

   —   VI. — Réquisition tenant lieu de bon de chemin de fer..... 128

   —   VII. — Avis télégraphique d'un décès..................... 129

   —   VIII. — Avis télégraphique de maladie grave................ 129

   —   IX. — Certificat de paiement à un homme laissé en arrière. 130

   —   X. — État signalétique d'un cheval laissé en arrière....... 131

   —   XI. — Inventaire des effets et armes du homme........... 132

Paris et Limoges — Imprimerie militaire Henri CHARLES-LAVAUZELLE.

www.ingramcontent.com/pod-product-compliance
Lightning Source LLC
Chambersburg PA
CBHW070811290326
41931CB00011BB/2193